後藤秀爾 監修　永田雅子・堀美和子 編

"いのち"と向き合うこと・"こころ"を感じること
臨床心理の原点をとらえなおす

ナカニシヤ出版

巻 頭 言

　2011年3月11日は，私たち日本に住むものにとって忘れられない日になった。それは，一瞬にして喪われた2万にせまるいのちの記憶とともに，「サンテンイチイチ」と呼ばれ続ける日になった。今，東日本大震災の起こったその日から2年が過ぎ，心理臨床の専門性と存在意義が問われている。「心のケア」の重要性を語るとき，その専門家であるはずの私たちが，具体的にできることは何なのか，という課題に直面している。

　瓦礫の山として残される，圧倒的な自然の破壊力を目のあたりにして，人は威圧され，なすすべもなく無力感に打ちひしがれて立ち尽くす。そんなときに「心の専門家」たる私たちは何をなすべきなのか。精神科医の中井久夫は，阪神淡路大震災の渦中で活動した体験をもとに，「有効なことをなしえたものは，すべて，自分でその時点で最良と思う行動を自己の責任において行ったものであった。指示を待ったものは何ごともなしえなかった。統制，調整，一元化を要求した者は現場の足をしばしば引っ張った」と，指摘している（『1995年1月・神戸「阪神大震災」下の精神科医たち』1995年みすず書房刊）。「心のケア」という言葉にとらわれると，真になすべきことが見えなくなる。今の自分の目の前の人との現実的なかかわりあいの中で，その人の思いの真実を汲み取ることができたときにこそ，おそらくは，自分の責任において今なすべきことが見えてくる。

　この事態は，私たちが重度心身障害の子どもの心理臨床に取り組み始めたときに似ている。寝たきりの状態で，働きかけても反応は返って来ないように見えるし，発達支援と呼ぶことのできる成果が得られるとも思えなかった。圧倒的な障害の重さや深刻さに打ちひしがれて，私たちは無力であった。この仕事は，理学療法士や医師のなすべきことであって，心の専門家である自分たちの領分ではない，と，何度思ったことだろう。

　くじけがちだった私たちを支えてくれたものはまず，お母さんたちの子どもを思う気持ちの深さであり，私たちを救ってくれたものは，取り組み続けた

末に出会う子どもたちの極上の笑顔であった。とりわけ障害をもつ子の笑顔は，無垢であるがゆえに心に響いた。はじめの頃の無反応と無表情は，かかわり手である私たち自身の心の構えの照り返しであると，はっきりと気づかせてくれる笑顔であった。

　当時の集団療育の場には，常時数人の障害重い子どもたちが参加していた。それぞれに担当者がいて，親しくなってきたお母さんたちとワイワイおしゃべりしつつ，トランポリンの上で揺れながら笑いさざめいていると，そんなときに子どもの体が緩み始めて，口の端からにんまりと笑顔が体中に拡がる。それを見て担当者とお母さんが笑顔になり，他の担当者や子どもにも，ちょうど欠伸が人から人に感染していくように拡がっていく。そういう体験があると，この笑顔の時間こそが大事なことだったのだ，という実感が得られる。心理臨床の本質は，日常の何げない幸せが紡ぎ出される一瞬の中にある。このような人として生きる幸せを，どんなときでも見失わないでいられる確かな眼差しを自分の中に作ることが，私たちの専門性であるとも言える。

　それは言い換えると，対象を見る目と，ユーモアのセンスとを磨くことに集約される。両者は相俟って，ピンチの中にチャンスを，絶望の中で希望を，病理の中に発達の芽を，見出す力となっていく。私が，障害重い子どもたちとの取り組みの中で教えられてきたことである。

　障害重い子どもたちとの療育活動は，また，人の心の不思議を体験する場である。この子たちのまわりには，天の啓示か，大地の声か，あるいは魂からのメッセージか，と感じさせられる体験が数多く待っている。

　私たちは，心理臨床の研鑽においては，心の現象を因果連関の集積として捉えるための視点の置き方と，説明原理である理論とを学ぶ。つまり，システムとしての心の現象のメカニズムを捉える目を，徹底して鍛えようとする。

　そのうえで，臨床の現場において，生身のクライエントさんと出会う。出会う自分が最後の拠り所とするのは，生身の自分自身である。両者の間には，お互いの生き方や生きてきた道筋などが影響し合い，心の課題は，シンクロするようにして二人の間の共通課題として浮かび上がってくる。現実の臨床実践で起こる出来事は，いつも因果連関による説明を超えた体験が含まれている。分析心理学の祖であるユング（Jung, C. G.）は，このことに注目して「共時性」

（synchronicity）の概念を用いたのだが，このとき人の心はシステムとしては捉えられないコスモスになる。人の心という2つの宇宙が響き合って，理性と計算を超えた出来事が起こる。そうしたことにも目を向け，心を開いておかないと，障害重い子どもとのかかわりにおいて生じていることを，正しくは捉えられない。

　人の心を内なる小宇宙として見るとき，私たちは，今生きている現実に適応するための行動原理や価値規範を離れることになる。現実原理や社会常識から自由になって，宇宙や自然の中で生きるいのちの原理，言い換えると原初生命体から引き継いできた遺伝子の原埋に思いを馳せながら，改めてこの子らの魂に触れる。そんな感覚の中で，この子たちの生きる意味や，そのいのちの重さが，電撃の走るようにして実感される瞬間が得られる。人間存在の根源的な意味性が拓かれるかのようでもある。

　この子たちは，そうした啓示を，私たちにもたらしてくれる存在である。この子を腕に抱くとき，私たち自身が癒され，育てられている。頭で考えすぎて見えなくなっていたいのちの本質を教えられる。

　現実生活への適応を支援することが「心のケア」の前提条件であるが，往々にして，そのことにとらわれすぎると袋小路にはまるのが心理臨床の常である。行き詰ったときは，改めて全体状況を俯瞰できる位置に，自分の目線をもっていくことが必要となる。子どもとの関係が行き詰まっている母親に対しては，家族全体を見ながら，母親という役割を離れて自分を見直す視点へと導く。現在の家族がバラバラだと悩んでいるなら，心の中にある原家族のイメージや地域の中の居場所感の問題に視点を拡げる。そのようにして行き着く課題は，共通して，自分が生きていることの意味の確認である。ここを見失わないように，私たちは常に，原点回帰に心がけていたい。

　私にとって心理臨床の原点は，障害重いこの子たちの笑顔である。泣き顔や不安そうな顔も含めて，私の中に生きている。

2012年9月
後藤秀爾

はじめに

　本書は，名古屋大学教育学部にて1969年より32年間にわたって続けられた，障害幼児の集団療育グループ（通称：MR グループ）にスタッフとしてかかわった仲間たちが，監修者である後藤秀爾氏の還暦を機に集い，改めてその心理臨床の原点を問い直そうと企画されたものである。

　第1部では，そのMR グループを巣立った仲間たちが，ひとりの心理臨床家として，また教育・研究者として，それぞれの活動を振り返りまとめた論文から構成されている。グループを離れた後の臨床・研究領域は広範にわたっており，それぞれ興味深い内容となっている。また，第2部の第1章，2章では「"子どもと家族とともに"あること」をテーマに，現在の臨床活動とグループで体験してきたことの意味と合わせて論じていただいた。さらに，第3章では，MR グループに子どもたちが参加していただいていたご家族の立場から，当時の体験を振り返っていただいた。家族の方々からのストレートなメッセージこそ，私たち臨床家が問い直そうとしている原点を指し示しているのではないだろうか。最後に第3部では後藤秀爾氏自身の臨床体験に根差した「障害児臨床のこれまでとこれから」と題する論文を掲載している。私たち仲間が学んできたこと，これから学ぼうとしていること，そして，障害児臨床にとどまらず心理臨床に普遍的な課題について深く示唆するものとなっている。

　MR グループでは，「family as a whole」という，家族成員個々だけではなく「子どもと育ち合う家族の丸ごと」をみていく視点をもつこと，そして，従来の発達観を見直し，深い部分で人間存在そのものが生成される過程を捉えようとすること，これら2つの視点を重視してきた。本書の中にはこれらの視点が随所に息づいている。読者も本書を通して「"いのち"と向き合うこと・"こころ"を感じること」の心理臨床における意味について思いをはせていただければ幸いである。

2012年9月
堀　美和子

目　次

巻頭言　*i*
はじめに　*v*

第 1 部　声なき声のメッセージ・"こころ"を感じること

1. 発達障害のある子どもと家族　3
2. 自閉症児の"こころ"を育む―初期の関係性の発達への心理臨床的アプローチ―　16
3. わが子の"生"と向き合って―周産期での心理臨床―　29
4. 子育ての時間―子育て支援の現場から―　42
5. 子どもとともに歩むということ―子どもの語りを受けとめる―　52
6. 児童期の子どもと家族への支援　66
7. スクールカウンセラーによる学校と家庭を通した子ども支援　79
8. 青年期の学生相談から考える―心理臨床の基盤的態度―　92
9. 保育の場での研修における学生の成長　102
10. "こころ"と向き合う―病院臨床から見えてくること―　115
11. 犯罪被害者の自助グループ活動に関する一省察―当事者へのインタビューから―　127
12. 震災後の被災地に心理士としてかかわる機会を得て　141
13. 変わっていくものと変わらないもの―自閉症スペクトラム障害の青年・成人の支援から―　152

第2部　障害の重い子どもと家族とともに
　　　　―臨床の原点を捉えなおす―

1. 子どもと家族とともに生きる　167
    (1) 重度障害者における自己決定と自己選択　167
    (2) 障害とともに生きる　170
    (3) 社会の中で生きる　172
2. 臨床家としてのそれぞれの育ち　175
    (1) 臨床家としての原点と歩み　175
    (2) 初心の臨床家としての学び　177
3. 家族からのメッセージ　180
    (1) 宝　物　180
    (2) いちご　181
    (3) 声なき声のメッセージ　182

第3部　障害児臨床のこれまでとこれから

1. 言葉を超えて紡ぎ出されることば　189
2. 家族の幸せと障害の子の幸せ　197
3. 心理臨床における普遍的なもの　203

あとがき　207
索　引　209

第１部

声なき声のメッセージ・
"こころ"を感じること

1

発達障害のある子どもと家族

西出弓枝

(1) 自閉症のコウジくん

　今から四半世紀ほど前になるが，当時の社会人ボランティアサークルのメンバーとともに障害児施設を訪れ，コウジくんと接したとき，生きる意味ってどういうことなのかという課題が再び私の中にむくむくとわき起こってきた。コウジくんは自閉症の少年であり，とくに新しい人とのかかわりが苦手であった様子で，誰と交わるでもなく，一人黙々とティッシュペーパーを折り続けていた。次の時代を迎える手前であったとはいえ，昭和時代の障害児施設のことである。現在の施設のように建物が立派なわけでもなく，施設の外の世界とは少し雰囲気が異なり，やや寂れた雰囲気ではあったが，児童の入所する施設であるゆえ，中庭に陽が射して，入所している子どもたちの元気な笑い声が響いて人の生活感が醸し出す明るげな雰囲気の中で，室内の陽の届かない一角の座卓に向かってティッシュペーパーを折り続けるコウジくんをとりまく空間だけは，違う空気が漂っているような印象を与えていた。時間が止まっているのか，逆に淡々と時間のみが正確に刻まれているのかわからなくなるような，子どもの過ごしている施設の生活感とは異なった類の独特な空気に，いつの間にか私は惹きつけられていた。私はしばらく離れたところからコウジくんを観察していたのであるが，コウジくんに声をかけたのかかけなかったのか記憶もないが，いつからかコウジくんの隣に座って彼が粛々と進める儀式のような営みが何のために行われているのかと不思議な想いで彼の所作を見つめ，いつの間にか自分自身も引き込まれるようにティッシュ折りの儀式に参加してその施設訪問の

時間を過ごした。その独特な空気を醸し出す儀式は家に帰った後も私の脳裏に焼き付き，施設の職員がなぜあのティッシュ折りを続けさせているのか疑問に思ってみたり，もっと意味のある活動に導かなくてよいのかと憤慨してみたり，コウジくんが求めている余暇活動であるならば，それを尊重することこそが意義があるかかわりなのかしらと考えてみたり，納得できるわけではない，答えの出ない問いへの回答をなんとか自分の心のなかで探し心のなかに収めようとしていた。

(2) 人間が生きることの意味

　そんな経験からしばらくして，大学1年次の後期に開講される教育心理学概論の授業で，故村上英治先生は脳性麻痺で肢体不自由のある土谷康文くんの「ごめんなさいね，おかあさん」というお母さんに捧げた詩を高らかに朗読された。熱く語られる詩には，障害をもって生まれてきた自身の心の痛みと，世話をしてくれる母を思いやる深い愛情が読み込まれていた。そして，村上（1992）が，「彼らが生きていること，それがとりもなおさず私たち自身が生きていることに連なる。すべての他者性はきりすてられて，まったく無媒介的に，私たちは今こうして生きていることを実感し，その生きることの意味の重さに一瞬うちふるえるのである」と後に記したように，何かができるからとか，何かを与えられるからということを超越して，人が人とともに過ごし，そこで生じるかかわりの中で愛情や不安，喜びや悲しみなどの情緒が体験され，共有されるという過程を通して，**人間が生きるということ自体にその意味がある**ということを教わったのである。

(3) MRグループとの出会い

　その後，私は導かれるように，春日井の心身障害児コロニーのこばと学園での実習を体験し，先輩に誘っていただいて名古屋大学教育学部心理教育相談室で行われていたMRグループに参加するようになった。私は，5歳の男児を担

当することになっていた。初めてナオトくんと出会ったとき，ナオトくんをだっこしてみると，筋緊張で堅くなっている関節のこわばりと白く透きとおっていて乳児のようなやわらかいすべすべの肌とのギャップに少し戸惑ったが，いつの間にかつぶらな瞳のナオトくんの愛らしさに吸い寄せられるように，ほおずりをしてしまっていた。そのとき，ナオトくんのお母さんはきっと少し驚いたのだろうが，「ナオくんにほおずりをしてくれて」と新人の担当者の振る舞いを優しく受けとめてくださった。私は，その言葉にはっと我に返り，自分が社会的な場面で人様のお子さんになんという個人的な振る舞いをしてしまったのかと，我が身のしでかした所作について反省させられ，それでもそれを温かく受けとめてくださったお母さんの言葉かけに，私自身が救われた気がしていた。そんなナオトくんやお母さんとの出会いは，私にとって新鮮な体験だった。そして，人とかかわる場面では，自分の対人関係能力にちょっと自信がなく，どう行動することが求められているのかということをまず考えてから行動しがちであった私に，MRグループの雰囲気は，思うままに行動することを許容してくれており，行動したその後にハッとさせられたり，「ああ」と後になって気づかされたりするという体験を繰り返し与えてくれる場となった。そして，許容的な雰囲気に甘え，たくさんの失敗体験も積み重ねつつ，自分も療育グループの一員として行動し，感じることが可能になっていったのだと思う。この体験は，私のMRグループの原体験となっているように思う。あのとき，ナオトくんのお母さんがちょっとでも嫌な表情を浮かべていたら，私はMRグループにとどまり，まずは身体的にかかわってみるというようなかかわりをすることができなくなってしまっただろうとつくづく思うようになったのは，自分自身が子どもを出産した後のことである。子どもを出産した病床で，他の人が私の子どもにほおずりをしたときに，表情にこそ出さないように笑顔を作っていたものの，私は「それは私の子よ！」と心の中で叫んでいたのである。子どもを出産したばかりの原初的没頭の強い状況下でのことと思おうとしても，自分のそんな狭い心を振り返るにつけて，ナオトくんのお母さんの心の広さに頭が下がったと同時に，そういう懐の広さや温かさを療育に通う子どもたちとお母さんを中心としたご家族が作り上げていることを実感したものである。そんなMRグループが醸し出す雰囲気は，未就学幼児を中心とした療育グループであった

ということが1つの要因であろう．子どもはやっぱり可愛いものであり，慈しみたくなる雰囲気を周囲に放っている．そして，重度の心身障害を伴うがゆえに，かかわる際にだっこをさせてくれる存在であるということがさらにかかわる者にとって「成り込み」を生じさせやすくしているのであろう（鯨岡，1997）。鯨岡は，「『いつも，すでに』のメタ水準の関心が作動している下で，『このいま』の瞬間において自分の『ここ』から相手の『そこ』に気持ちを持ち出し，『ここ』を『そこ』に重ね合わせて，相手の『そこ』を一時的に生きる様態」を「成り込み」と呼んでいるが，このような人と人の身体的な反応や触れ合いが生じ，**身体を媒介して感じ，かかわる**というところから関係が展開するという水準のかかわりが根底に流れているのである．この肌と肌の触れ合いを通した体験は，私たちの多くがその生い立ちの過程において体験してきた原初的な体験でもある．ナオトくんとのかかわりは，私の乳幼児時代の原初的感覚を呼び覚ましたとも考えられる．

　また，療育グループでは身体的なかかわりや活動を重視してプログラムが組まれていた．朝の受け入れのだっこから始まり，お母さんから家庭での体調や生活の様子の報告を受け，振り付きのおはようの歌，リラクゼーションを中心とした体操，感覚遊びを取り入れたその日の療育メニュー，食事の介助，オムツ換え，振り付きのお帰りの歌で終了となり，お見送りという流れになっていた（後藤・辻井著　村上監修，1994）。このようなプログラムであるため，子どもの身体を通して，子どもの体調，要求，感情などにアプローチをすることが子どもの心の声を聴く営みとなっていたのである．それは，自分自身の身体感覚を通して，子どもの声を感じ，理解しようと努力する体験となっていた．「今日は調子良さそう」「ご機嫌斜めな感じ」「絶好調だね！」という言葉が担当者から自然と発せられており，それは担当者自身の体調をも反映しているのかしら？と感じさせるようなものであった．それは，「成り込み」や「巻き込み」が，作用していたのであろうが，そういう一回一回の出会い，あるいは瞬間瞬間の体験における心の声の聴き取りと響き合いが，MRグループ内でのかかわりを豊かに体験させていたのだろう．また，年に1回知多半島の先の山海海岸で行われる一泊宿泊合宿が恒例となっており，子どもとお母さん，お父さんも参加してくださっていた．広い空，碧い海という開放的なシチュエーションで

(3) MRグループとの出会い　7

展開される海水浴と夜の花火．交流会は子どももお父さんもお母さんも，OBの子どもやお父さん，お母さんも先生も新人スタッフも入り交じって，遊びに興じ，子どもや家庭のこと，学校のこと，将来のこと，それぞれに気になる話題を語り合うのが常であった。このようなプログラムと季節の行事に影響されたのか，私はMRグループで子どもを担当しているときも，MRグループに参加しなくなって数年してからも，私がかかわるようになった当初グループにいたナオトくん，サラちゃん，サキコちゃん，トモコちゃん，マオちゃん，コウキくんらとプールで泳ぎ回り，競争したり，お話に興じたりする夢を見ることが何度かあった。夢の中では，MRグループの子どもたちはみなのびのびとしており，表情豊かにお母さんたちとの生活のことを語ったりしているのである。私がかかわった子どもたちとこのようにやりとりをしたいという願いであったのかもしれないが，私には子どもが本当に私の夢のなかに登場して，私に語っているように思われてならないのである。

　このようにMRグループでの子どもたちとのかかわりを通して，身体を通じて子どもの声を聴こうとし，子どもたちを感じ，理解しようとすることにより，言葉を発することができないような意識水準が低下した状況でも，その人の心の声が聴こえるようになったような気がしている。私の祖父が脳内出血のため植物状態になったとき，おそらく祖父に聴覚刺激を理解する能力は残っていたのであろう。病床に寄り添う家族になんとか動かすことが可能であったのであろうかすかなまばたきと手先の動きで，自身の意思を表明しようとしたことが私には確かに感じ取れたのである。祖父はその"いのち"の灯が消えかかっている状況であったが，娘との別れを前にしてそれに明らかに抵抗を示し，娘を枕元に呼び寄せようとしていたと私には理解された。祖母が"いのち"を閉じようとしているときにも，似たような体験をした。人が"いのち"を賭けて何事かを伝えようとしているときには，その人の心の言葉や叫びが，相手に伝わるようなものだと実感するようになったのは，MRグループにおいて身体を通して子どもたちの声を聴き，身体を通して自身に感じようとする営みを体験したことによるのである。

　また，MRグループは，朝の会後に母子分離が行われ，昼食前に再会し，子どもの様子を伝え，再度母子分離で昼食をとった後，帰りの会で再会するとい

うような形で母子分離と再会が二度行われており，そのときに子どもたちの見せる何とも言えない，甘えたような表情がどの子においても印象的であったことが思い出される。対象恒常性が確立される情緒発達水準には到達していないと思われる子どもたちであっても，母親の声や雰囲気はどの子も察知していることが観察されたのである。それは，家庭訪問や山海合宿を体験して，担当者にはより実感を伴って体験されることであった。このように**子どもとお母さんとのかかわりを直接観察**し，そこに生起している行動水準以前の感覚水準でのやりとりを直接観察し，その場で自身の身体を通して感じ，理解しようとすることは意義深い体験であった。さらに，家庭訪問や山海合宿による子どもとお母さんだけではなくお父さんも含めた家族とのかかわりをもつという経験は，子どもを周囲の人間関係から切り離して捉えるのではなく，**家族とともに生きる子ども，家族の中に存在する子ども**，さらには，子どもの中に存在する家族という視点を私に与えてくれることになった。ブロンフェンブレンナー（Bronfenbrenner, 1979）は，生態学的システム論を展開し，子どもをとりまく家族をマイクロシステムとして捉え，社会の中の家族の中の子どもというような入れ子構造を指摘しているが，このような視点は発達途上にある子どもばかりではなく大人に対する臨床心理学的実践においても重要な視点を与えている。

(4) 歴史性と情緒発達水準

　さらに，MRグループにおいては日々のグループ活動を臨床心理学的な理論から裏づける試みとして，いくつかの学会発表を体験した。この中で，理論と実践をつなぐ試みができたことは意義深いが，そのような取り組みの中でいくつかの疑問も生じてきた。たとえば，早期の精神分析的情緒発達理論によって子どもと母親，子どもと療育担当者とのかかわりを考察した際に，重度の障害を伴う子どもとのかかわりにおいて，原初的没頭体験が効果的に作用するという考察をすると，重度の子どもの母親は子どもが児童期，青年期，成人期に歩みを進めてもずっとかかわる側の原初的没頭体験を必要とするのかというような類のものであった。それは，春日井の心身障害者コロニー実習の際に，指導員から重度の障害がある場合においても，年齢に応じた対応をするようにオリ

エンテーションを受けた際に生じた違和感と共通するようなものであった。私の中では，しばらく情緒発達の水準に応じたかかわりと暦年齢に応じたかかわりという2つの水準のかかわりのはざまで，前者ではいつまでも低次の発達水準のかかわりの枠組みに障害のある子どもとその家族を押し込めてしまうような窮屈さを感じ，後者ではあまりにも内実の伴わない枠組みだけを提示されているような形式重視の空虚さを感じ，しばらくはその2つの軸のどちらを選んでみても腑に落ちない印象を抱いてきた。しかし，目の前の子どもとお母さんのかかわりは決してそのように窮屈なものでも空虚なものでもなく，ごく自然に子どもや子どもとのかかわりにおいて，子どもや子どもとお母さんの状況に応じたかかわりを展開し，生まれてから現時点までの歴史性を内包したかかわりを形成しているのであった。しばらく，私の中でその2軸は葛藤的な関係として存在していたように思う。しかし，子どもと家族とのかかわりを続けるなかで，次第にその葛藤は薄れていったように思う。そして，最近幼児期にかかわっていた子どもたちが児童期を経て青年期となってから再会したときに，その2つの軸が独立して別々に存在するものでもなく，ねじれの位置にあるものでもなく，交差する2軸をなしていることがまさに実感を伴って了解されたのである。それは，幼児期にともに一定期間過ごし，青年期に再会したときに，当時と同じように身体をさすったり，手をとったり，抱きかかえたりするという身体的なかかわりを通して彼らとコミュニケーションを取ろうとすること自体に変わりはないものの，彼らが幼児期に表わしていた個性を変えるわけでなく，より個々の個性的な色合いを強めて目の前に姿を見せてくれたことによって私自身が彼らの発達，歴史性を感じたことによるのである。つまり，**子どもや子どもと家族とのかかわりの発達においてはその歴史性と情緒発達水準の2軸をふまえて理解し，かかわる**ことが重要であるということを感じたのである。発達心理学で何度も目にしてきたエリクソン（Erikson, 1959）の漸成的発達理論やスターン（Stern, 1985）の自己感の発達推移の理論はまさにそのことを包含した理論であるが，重度心身障害のある子どもとのかかわりをしたときに，知的には理解していたはずの発達理論であっても，実践のなかで実感を伴って理解されていたわけではなかったのである。そして，実践を理論化する際に，あるいは理論を実践に展開する際に，知的な理解に偏ることなく理論と

自己の体験との間に疑問が生じ，腑に落ちることの意義を実感したのである．

(5) 子どもをとりまく家族・仲間集団

　MRグループでは，子どもと担当者との個別的なかかわりを重視しつつ，それをおおらかに集団の枠組みが包み込んでいるような構造をなしていた．そして，子どもの療育のあいだ，お母さんたちは母親グループで日常生活における悩みや，子どもの発作のコントロール，きょうだいや家族とのかかわり，将来的な見通しなどについて思い思いに語り合っていた．このように個人を集団が緩やかに包み込むという構造的な特徴により，ときには子どもと担当者との2者のかかわりの水準で，ときには子どもとお母さんと担当者という3者のかかわりの水準で，さらには特定の子どもと他の子どもたち，あるいは特定の子どもと療育グループなど集団の水準でかかわりが展開されていた．このように個別の2者におけるかかわりを重視しつつも，それを緩やかに包み込む家族，仲間などの集団が子どものマイクロシステムとして機能していることに目を向けることにより，それより大きな学校などのメゾシステム，地域社会としてのエクソシステム，国や文化といったマクロシステムとのつながりが意識されることになる．また，人はひとりでは心もとなくとも，家族や仲間とともにあってひとりではないことが意識されれば寄る辺なさを払拭し心強さを感じることができるし，個々の総和以上のエネルギーが集結されることにより，ひとりでは実行困難なことを成し遂げることができるようになる．このように，**さまざまな情緒的体験を集団で分かち合い，集団のエネルギーを活用する**ということの意義が実感を伴って体験されたのである．

(6) 発達障害の子どもと家族とのかかわり

　これまでに記してきたMRグループでの体験から学んだことが，そのまま私の臨床心理実践の基盤となっており，発達段階，情緒発達水準，障害の種類にかかわらず，心理臨床の実践上の重視している事柄に直結している．繰り返しになるが，以下に簡単にまとめて記す．

1） 人間が生きるということ自体にその意味がある

　どのような子ども，家族と対峙するときにおいても，その生命の灯が明るく燃え盛っている状況でも，灯が消え入りそうになっているような状況においても，生きること自体に意味があり，その意味を子どもやお母さんとともに見つめ直したり，形作ったりする作業が臨床心理学的営みであると理解している。わが国において2006年以降全国的に特別支援教育が展開されるようになり，私自身はその数年前から通常学級に在籍する知的水準には問題のない発達障害の子どもと教室場面でかかわることが増えてきたが，そこでは思春期の一歩手前にきて他児との相違に気づきつつも，なんとかしたいのに適応的に解決することができずに二次障害を呈する子どもたちに出会うようになった。そこで見られるのは「どうせ僕は～」「私が〇〇しても～」「仕方ない」など自己否定的で逃避的な言葉で自己の傷つきを必死に防衛し，一方でそれに対してなんとかしようと苦悩する姿である。すぐに解決の糸口が見つかるような場合も少なくないのであるが，なかなか解決の糸口が見つからないままその苦しい状況になんとか生き延びることが必要なこともある。そのような折には，捨て鉢にならずに，なんとか子どもをとりまく家族や教師集団，相談機関の職員らが連携を保ちつつ，子どもが与えられた環境の中で懸命に生きていることを支え続けることによって，少しずつ解決の糸口が見つかることもあるのである。

2） 身体を媒介して感じ，かかわる

　これは，発達障害のある子どもとのかかわりにおいて身体的な接触を行うことを推奨しているわけではない。子どもの身体の声を聴こうとしたり，自身の身体感覚を通じて理解したり，かかわったりしようとする姿勢をもつことである。発達障害のある子どもは，身体感覚が悪く，身体のバランスが悪い子どもが少なくない。精神発達水準が低い子どもの場合には，運動機能においても低下が認められるが，運動機能の発達では問題はない水準であっても，乳児の感覚に近いような感覚過敏があったり，感覚刺激を過度に求めたり，姿勢を保持することが困難であったり，他者との対人距離が非常に近いままであったりするようなことが少なくない。そのような感覚的な特徴や，身体を媒介とした他者との関係性の持ち方について，実際に接してかかわってみることにより，そ

の雰囲気をありのままに感じることこそが，子どもの理解を促進するのである。

3）子どもとお母さんとのかかわりを直接観察する

　イギリスのタビストック・クリニックにおいては心理臨床家の感受性を高める訓練として，乳幼児観察（衣笠，1994）を導入しているが，乳幼児に限らず子どもとお母さんとのかかわりを直接観察し，そこで生じている現象を感じとろうとすることは，発達障害のあるなしにかかわらず，子どもを理解するうえで重要な方法であり，初心者が子どもとお母さんや子どもと熟練した保育者・教育者とのかかわりを目の当たりにすることにより，自身のかかわりのあり方を振り返ったり，取り入れたりすることは，心理臨床における実践上必要な営みであろう。また，発達障害のある子どもは前述のような感覚的，身体的特徴を有することも多いため，その子どもの固有のかかわり方が家族に十分に理解されずに，そのかかわりに困惑したり，家族側からの定型的なかかわりに終始したりするなど，かならずしもかかわりが適応的に機能していないことがある。そのような場合には，観察されたかかわりの断片を取り上げ，そこでどのようなことが展開していたのか，子どもはお母さんにどんな意図をもって，何を伝えようとしていたのか，自身が理解したことを伝えてみることが効果的であることがある。また，お母さんの側の意図を子どもに伝わるようにかかわるためには，どのようなかかわりをしてみると効果的かということを話題にすることもある。このように直接観察された断片から，子どもと家族の固有の生き生きとしたかかわりを展開する題材とすることが可能となるのである。

4）家族とともに生き，家族の中に存在する子ども

　障害のあるなしにかかわらず，子どもは両親によってその"いのち"を与えられ，家族とともに生き，家族の中で育まれるのである。これは発達障害の子どもにおいても例外ではない。それは，出会う場面が保健センターや療育センターのような療育の場であれ，保育園・幼稚園であれ，学校であれ，病院のような医療機関であれ，目の前にいるひとりの子どもを相手にしている場合であってもそれは変わることはない。たとえば，週末を家族と過ごして月曜日に学校に戻ってくる子どもの様子を観察することにより，子どもが家庭生活と学校

生活においてまったく違った感情生活を送っていることが明らかになることがある。相談場面ではのびのびと個性を発揮している子どもと母親のかかわりが観察されているのに，学校生活場面を観察してみるとまったく異なり，萎縮してしまっている姿が観察されたり，逆に学校ではのびのびと過ごしているのに，家族の中ではよい子の側面しか見せていないような子どもの姿が観察されることも，稀ではない。さらに，子どもが思うような行動をとってくれないことに，親としての無力を感じ，子どもとの距離を喪失したり子どもの養育に主体的にかかわれなくなったりしてしまっている家族に出会うこともある。そのような際に，子どもが家族の中でどのように生き，仲間の中ではどのように生きているのかということに目を向けることが必要なのであろう。そして，子どもとともに生きる家族が，家族とともに生きる子どもが安定してそこに存在することが可能なかかわりを模索することが臨床的な営みとなる。

5）歴史性と情緒発達水準の 2 軸をふまえて理解する

前述したようにわが国で特別支援教育が展開されるようになり，治療相談機関においては，発達検査や知能検査を実施し，その結果を活用することが以前にも増して期待されるようになってきた。このような心理アセスメントの結果を適切に活用することは意義深いことである。しかしながら，このようなアセスメント結果の活用法に疑問を感じることも少なからず生じるようになってきている。通常学級にいても学習の積み上げが困難である児童に対して知能検査を実施し，その結果と子どもの固有のニーズ，家族のニーズ，子どもと仲間との関係などを総合的にアセスメントすることなく，検査結果のみがフィードバックされ，学級籍の移動が提案されることが少なからず生じているように思われる。その場合には，知的な発達水準の軸が優先されるあまりに，それまでの子どもの学校生活が十分にふまえられていない可能性がある。あるいは，それが知的な側面においてのみの歴史性が重視されてしまったとも考えられる。子どもの発達あるいは，子どもと家族とのかかわりをアセスメントし，支援を構築しようとする際には，子ども，あるいは子どもと家族の固有の生育歴，生活歴を十分に把握しつつ，情緒発達水準の軸を重ね合わせて検討することが必要なのであろう。それは，障害の軽重を問わず，障害の種類を問わず，求められ

るものである。

6）集団で分かち合い，集団のエネルギーを活用する

　集団のエネルギーが人を支える効果は，統合保育園における障害のある子どもの母親グループや保健センターなどで実施されている療育グループに継続的にかかわった際に顕著に体験された。障害があることは，そうでない状態に対して少数派であるため，障害がある子の親は子どもの保育園・幼稚園の親集団の中では少数となるため，とても窮屈で居心地の悪い対応に甘んじていることが少なくない。子どもの行動が思うようにコントロールできずに苛立ったり情けない思いにさいなまれたり，クラスの友だちの母親による苦情電話に悩まされたり，子どもが定型発達であれば早朝保育や延長保育が可能であるのに，障害ゆえにそれが受け入れられない状況に置かれたりと，定型発達の親が体験することのないような悩みに直面することも少なくない。そのような場合に，個人だけではなかなかそのような不安や不満の声は十分に発することも，たとえ発したとしても十分に受け止められることも少ないようなことでも，集団の中で同じような感情体験を分かち合い，集団のエネルギーを活用して問題解決を図るべく組織と交渉をしたり，新たに社会的な活動を展開するきっかけを作ったりすることが可能になるのである。このように個人と個人のかかわりを超えた小集団システムのエネルギーの個人への作用は計り知れないものである。

(7) おわりに

　本章では，私自身が発達障害のある子どもと家族との臨床的なかかわりにおいて基盤としてきた6つのポイントを，MRグループでの子どもや家族，スタッフ間のかかわりから学んだ事柄をふまえて記してきた。最近では，保育園・幼稚園や小中学校で保育士や教師を対象に，発達障害のある子どものニーズのアセスメントと支援の方法などについての相談を担当したり，研修を担当したりする機会が増えてきた。そのような機会においては，ともすればその技術や知的理解のみに注意が集中されてしまうのであるが，本来的には本稿に記したような人と人とのかかわりのなかで生じる，情緒的な触れ合いやそのなかで新

たに生成する理解を基盤にアセスメントを行い，対象となる子どもたちとその家族，かかわる側の保育士や教師がより適応的に生活することが可能となるようなかかわりを展開することが必要であると感じ，言語化してきたつもりである。臨床心理学的な技術や技法は，そこに存在する人のあいだに生じる関係性によって効果的に作用したり，逆効果となったりするものである。私自身もこのことを肝に銘じて，村上英治先生が始められ，後藤秀爾先生が引き継がれたMRグループと，そこにかかわった子どもたちや家族に教わったことを基盤に，今後も臨床実践のなかで取り組んでいきたいと感じている。

引用文献

Bronfenbrenner, U.（1979）．*The ecology of human development: Experiment by nature and design.* Cambridge, MA: Harvard University Press.（磯貝芳郎・福富　護（訳）(1996).　人間発達の生態学―発達心理学の挑戦―　川島書店）

Erikson, E. H.（1959）．*Identity and the life cycle.* New York: International University Press.（小此木啓吾（訳）(1971).　自我同一性―アイデンティティとライフサイクル―　誠信書房）

衣笠隆幸（1994）．タビストック・クリニックにおける乳幼児観察の方法と経験　小此木啓吾・小嶋謙四郎・渡辺久子（編）　乳幼児精神医学の方法論　岩崎学術出版社　pp.27-39.

鯨岡　峻（1997）．原初的コミュニケーションの諸相　ミネルヴァ書房

後藤秀爾・辻井正次（著）村上英治（監修）（1994）．"いのち"ふれあう刻を―重度心身障害児との心理臨床―　川島書店

村上英治（1992）．人間が生きるということ　シリーズ人間性の心理学　大日本図書

Stern, D. N.（1985）．The interpersonal world of the infant. New York: Basic Books.（小此木啓吾・丸田俊彦（監訳）　神庭靖子・神庭重信（訳）(1990).　乳幼児の対人世界・Ⅰ（理論編），(1991).　同　Ⅱ（臨床編）　岩崎学術出版社）

2

自閉症児の"こころ"を育む
―初期の関係性の発達への心理臨床的アプローチ―

堀　美和子

(1) 発達支援の基盤となるものへの気づき

　私が心理臨床家のタマゴとも言えない学部生の頃から，何とかひとりの「臨床家」と自分を呼んでもいいのではないかと思い始めている現在まで，ずっと変わらず私の臨床の大切な相手としてかかわり続けているのは，自閉症スペクトラム障害の子どもたちである。"自閉症"と呼ばれる子どもとの初めての出会いの場は，まるで私がそこに存在していないかのごとく背を向け，独語をしながらひたすらミニカーを並べ続ける子どもの横で，なすすべもなく，ただ寄り添っていることしかできない自分との葛藤の場でもあった。その後，個別の心理療法から保育園や学校におけるコンサルテーションや地域支援の場での発達援助，集団での療育などに場を広げながらも，常にその根底では自閉症児への個別の心理療法的かかわりのあり方や意義について問い直していた。
　その問い直しにあたって大きな影響を与えていたのが，同時期からかかわっていた，障害重い子どもたちとの集団療育の経験と，そのグループで学んだ論理的な意味づけであった。もちろん，最初からこれらの経験がリンクしていたわけではなく，集団療育の場から離れてからしばらくして自然に自分の中に生じてきたものである。集団療育の場では，発達検査の目盛で測定できるような目に見える発達が明確ではない子どもたちに，ただひたすらこころを傾け，目を見開き，耳を澄ませ，身体を添わせて子どもたちの「思い」を感じ取ろうとし，子どもの「こころ」に"何か"を響かせようとかかわり続けていたように思う。障害重いこの子たちに心理臨床の立場から何ができるのだろうかという

議論の中に身を置き，私たちの実践は彼らの"自己感"の形成に働きかけているのだという実感が自分の中に確かに根付いていたことが，自閉症児へのかかわりを検証する際に改めて確認できたのである。

本章では，その問い直しにおいて，筆者の大きなテーマの1つとなっている自閉症児の関係性の障害に焦点を当て，心理臨床の視点からその課題にアプローチしていくことの可能性と意味について整理したい。

(2) 個別のかかわりの中で自閉症児の何にアプローチすべきか

1) 定型発達の最早期発達の捉え直しから見た自閉症児の関係性の発達

心理臨床の立場からの自閉症スペクトラム障害の子どもたちに対するアプローチのあり方は，その方法や理論の違い，自閉症の"何"にアプローチするのかといった対象の違い，利用できる場面や領域の違いなどによってさまざまである。"自閉症だから"心理療法が誰にとっても必要であるわけではない。何らかの支援を要する場合にも，家族や本人のニーズ，発達の状況や能力などに応じて，そのさまざまなアプローチの中から適切に選択する必要があるだろう。先に述べたように，さまざまな場で求められる役割は少しずつ異なるものであったが，筆者自身もその場に応じて心理臨床家として，そして筆者自身の自閉症スペクトラム障害に関する理解のあり方の範囲の中で彼らの"発達支援"に携わってきた。それらの経験を通して，定型発達児の最早期の発達を捉え直すことから，自閉症児の関係性の発達のアプローチを検討することが，自閉症児のどの発達段階にかかわる場合にも影響する根源的な問題を検討することにつながるのではないかと考えるようになった。

生まれたばかりの乳児にとって，周囲の世界も自己の感覚もつかみどころのないあいまいなものであるだろう。そのあいまいな世界の中からは雑多な刺激が五感を通して常にもたらされている。一般に，定型発達においては，相互作用を通してそれらの雑多な刺激は意味のある了解できる対象として認知され，感覚の中に取り入れられて自己の一部として統合されていくのである。その相互作用の中で最も重要なのは，乳児のわずかな動きや変化にも敏感でタイミングよく反応を返していく母親との情緒的な相互作用である。その相互作用はま

た，母親との前言語的な深いつながりを形成し，母親を愛着対象として，その存在をベースに他者と情緒的にかかわる力を育てていく。この一連の発達過程が，その後，「社会的なかかわりの世界」の中で生きていく人のすべての発達の基盤となると言ってもいいだろう。

　自閉症児の場合，その生得的な特性として関係性の弱さをもっている。これは，雑多な刺激を意味づけ認知する力の弱さとしても表れてくるだろう。いくら母親が乳児の情緒を感じ取り，反応を返したとしても，乳児がその母からの働きかけに気づかず，意味づけて認知できなければ相互作用は成立しない。また，感覚刺激の入力の障害がある場合には，快いはずの母親の手が触れる感覚や，やさしくかける声でさえも唐突な強すぎる不快な刺激と感じてしまう可能性もある。そういった不快な刺激は，取り入れられるどころか当然乳児からは拒否され排除しようとされるだろう。その結果，本来母親との相互作用によって形成される周りの世界とのつながりも自己の感覚も，あいまいでバラバラなままになってしまうのである。

　そういった統合されずバラバラな世界で何とか足がかりをつけ，秩序を作り出し，把握不能で侵入的な外の刺激から自我を守るために形成されたのが，自閉症に典型的に示される自閉的行動や症状であると考えられる。たとえばこだわりや同一性の保持は，予測のつかない不安な世界の中で，予測も操作も可能な，常に変わらない秩序のある状況を自ら作り出すことで不安を回避し安心しようとする試みから生じたものであるだろう。移動範囲が広がり体験領域が増えるようになると，ますます対処不能な経験領域も増大する。するとさらに，自閉症児は脆弱な自我を守る自閉の殻を強固にしようとするのである。結果，表面に現れた自閉的な症状は強化され固定化されていくことになる。

　症状が"守り"であると考えると，不適切な行動であるからと，別の"身の守り方"を示さないまま不用意に自閉的行動を禁止し取り除こうとすることは，自閉症児の不安を増大させることになってしまう。その結果彼らの脆弱でまとまりのない内的世界を危険にさらすこととなるかもしれない。

　自我発達についての支援として，そういった強固な自閉の殻が形成され症状が顕在化されるより以前の最早期の段階で，両者の関係性障害によって滞っている相互作用を促すような母子への介入ができることが理想であり，実際，少

ないながらもそういった最早期からの母子へのアプローチも報告されている。しかし，現実には早期から自閉症の初期兆候が示されていたとしても，自閉症児への支援や介入が実際に始まるのは，その時期を過ぎ，ある程度自閉的特徴や行動が形成された後であることがほとんどであろう。

2) 自閉の殻の中の内的体験世界に働きかけること

　セラピストをはじめとした他者のほとんどは，自閉症児たちからは自閉の殻の外つまり「社会的なかかわりあいの世界」の存在として認識されている（または意識の外に押しやられている）。そのため，心理臨床的アプローチの最初の段階として，その強固な殻の中に働きかけセラピストとクライエントである自閉症児との間で相互的な関係を作り出すことが必要であろう。

　自閉の殻の中に働きかけるとはどういうことであろうか。自閉の殻の中にある「内的体験の世界」は決して空虚なものではない。他者と共有するような形で表出することが困難であるだけで，その世界の中には，感情と呼べるような意識化されたまとまりのあるものではないかもしれないが，それでも豊かな情動が存在しており，独自の自閉的な秩序の中で展開されるイメージ（自閉的ファンタジー）の断片が存在している。

　私たちが働きかけるべきなのは，その情動でありイメージの断片である。しかし，その働きかけ方が，私たちの"常識の中にある通常のかかわり方"を押し付けるといった，無理矢理自閉の殻を突き破ろうとするような侵入的な働きかけ方であってはならない。その場合，彼らはより自閉の殻を強固にしてかかわりの力を低下させるか，逆に対処不能な強い刺激をもて余して混乱に陥ってしまうだろう。必要なのは，自閉の殻の外からそっとその情動に共鳴し，自閉的イメージに寄り添おうとすることで，破るのではなく自然に溶け込むように自閉の殻の中に「共にある」あり方である。

　どのように内的世界の中の情動やイメージを捉えることができるだろうか。当事者であるドナ・ウィリアムス（Williams, 1992）は自伝の後半で，初めて自分以外の自閉症の子どもと出会った際のかかわりの様子を記述していて大変興味深い。施設職員からの「普通の」関係性をイメージした働きかけを受け止められずに泣き叫んでいるアンという自閉症の少女に対して，ドナは「自分自身

を慰め，守る方法」を教えようとするのである。ドナは施設職員がアンに与えようとしていた人形をわきにどけ，その代わりにヘアブラシを渡した。なぜならドナは，アンが心地よく感じるのは人の形をしたものではなく，ブラシに指をすべらせるときのやわらかい感覚やほんの小さな音であることを「知って」いたからである。そして，小さくメロディーを口ずさみながらメロディーに合わせてアンの腕をやさしく叩くと，しばらくして今度はアンの手を取って，ドナの口ずさむメロディーと一体になるようなリズムでとんとんと自分の腕を叩くようにさせたのである。それらのやり取りを通して，間もなくアンは自らメロディーを歌いながら自分の腕をとんとんと叩くことで自分を落ち着かせるという手段を手に入れたのであった。

　ドナは自分自身の自閉の殻の内部にあって，自分を落ちつかせるために安心することができる秩序のリズムを，これらのやり取りの中でアンの中に共鳴させ，アンの中にも秩序を作り出した，つまりアンに自閉的な防衛手段を教えたとも言い換えることができるだろう。アンは自身の身を守る自閉の殻を作ることさえできず，バラバラな自我が守られることなくさらされていたような子どもであったようだ。

　私たちの多くはドナとは違い，彼らの内的世界の中にあるものを厳密な意味で理解することは難しい。しかし，いくら強固な自閉の殻の中にあったとしても，彼らの発する声や行動がその情動やイメージに基づいて行われているのであるならば，その声の響きや動きのリズムの中にそれは含まれているのではないだろうか。その響きやリズムを感じ取り，そっとチューニングを合わせていく。それはあたかも間主観性の発達する時期に定型発達の母子の間で深い情動を共有する方法として示される情動調律（Stern, 1985）のような無意識的で深い相互のかかわりの形成のようなものだが，そういったかかわりが可能となるのではないだろうか。

　振り返ると筆者は，強固な自閉の殻をもつ，いわゆる自閉性の強い子どもたちの臨床の中で，しばしばこういったプリミティブなかかわりあいの体験をした。しかし，当時は異なった文脈で理解してかかわっていたため，その体験の意味を考えてはこなかった。次節ではその中の一人の男児との個別のかかわりの中で行われた具体的なやり取りの様子を示しながら，改めて自閉症児の発達

における関係性の発達と自己形成の支援について考えてみたい。

　なお，筆者はこういった個別の心理臨床的かかわりにおいては，いわゆる遊戯療法的な環境を用いてかかわってきている。それは，後の節で示すように，プレイルームという，閉じられ守られた自由な空間の中で，自閉症児がその自閉性も含めたありのままの姿でいることができ，そのありのままの彼らの内的体験に共振していくことが，このアプローチの大切な要素となると考えるためである。自閉症児の遊戯療法への批判はいまだ残っているが，問題は遊びそのものではなく，遊びを通して自閉症児の"何にどう"かかわるかということであり，それこそが検討すべき点であるだろう。

(3) Aとのかかわり過程の提示

　ここで示す事例のクライエントであるAとは，筆者の臨床経験のごく初期に出会い，長い経過を経て現在は就労して働いている青年である。彼とご家族は自らの生きざまをもって私に多くのことを教えてくれたと同時に，次々と取り組むべき課題を示して見せてくれた。筆者が現在も自閉症をはじめとする発達障害の方々との臨床をこうして続けているその原点とも言える大切なケースである。今回ここで示す場面は，そんな長い経過のあるAとの出会いから最初の1年半の中でのものである。今となっては未熟な対応も目立つものではあるが，臨床の初歩であったからこそ，一心にAの内的体験世界にチューニングを合わせることができていたといった点で，より自然なありようを示していると思われるためここに提示する。なお，事例の詳細は本筋とかかわりのない部分については多少の変更を加えていることを付け加えておく。

1) 事例の概要と出会いのようす

　軽度の知的障害を伴う自閉症であるAとの個別のかかわりの開始は，Aが3歳6ヶ月の時であった。1歳半頃から言葉が出ないなどの発達の心配があり，主に母親面接を通してそれまで継続的にフォローが行われていた。2歳で保育園に入園する直前にはじめて意味ある言葉（商品名の呼称）が出ると，語彙数はどんどん増えたが発語のほとんどが独語によるCMかエコラリア[1]といっ

た様子だったと言う。園でも他児と関係がもてず，保育士の働きかけで集団についてはいけるが，遊びの大半は一人遊びであった。また食事の仕方やトイレの入り方など強いこだわり行動がさまざまな場面で目立つようにもなっていた。こういった状況をふまえ，Aへの直接支援が必要であると判断がなされ，その時点で筆者がセラピスト（以下 Th）として担当することとなった。

　初回の来談時の様子は次のようなものであった。何度か来たことのあるプレイルームにスタスタ歩いていき，目の前に現れた見知らぬ人である Th も後ろから追いかけてくる母親さえも一瞥することはなかった。プレイルームで二人きりになり，改めて Th があいさつの声をかけても無反応で，さらに Th とプレイルーム全体に背を向けて，壁際の棚の中にあるミニカーやミニチュアを「ジドウシャ」「イエ」と平板な調子で1つ1つ名前を言い，またCMソングを歌いながら並べていた。全体的に表情は硬く変わらないが，突然前後の脈絡なく，まるでセリフを読むような一本調子な口調でキャハハハと笑うという様子が見られた。当時の筆者は Th の姿が見えていないかのように振る舞う A にどうかかわることができるのか戸惑いを感じながらも，まずは少しずつ A の自閉的世界に働きかけることを通して A にとって脅威ではない存在となることを当面の目標として週1回の面接を開始した。

2）Aとの初期プロセス―響き合いからかかわりあいへ―
①最初の半年―声を合わせる―

　Th ははじめ，CM のフレーズを繰り返しながら，ひたすらミニカーを一列に並べる彼の横でなすすべもなく見守っていることしかできなかった。Th がイメージして誘う"遊び"は無視するか押しやるという形でことごとく拒否され，Th ができることはひたすら彼の示す遊びに寄り添っていくことだけだった。A は，ふとしたことでミニカーのドアが開閉することを発見すると，一台のミニカーを棚の端から走らせてきて，前にある車の後ろに並べてはそのドアを開け，一拍おいて閉めるということを繰り返すようになった。Th はその動

1）いわゆるオウム返しのことで，その場で繰り返す「即時のエコラリア」と，後で復唱する「遅延のエコラリア」がある。

きを見ているうちに，彼がドアを開けるその直前のタイミングで「開きまあす」と声をかけ，閉めると同時に「バンッ」と，最初は遠慮がちに，拒否されないことがわかると徐々にリズミカルに声を合わせることを繰り返した。何回か後のセッションの中で，Th が声を合わせずに黙って A の動きを見ていたとき，ドアの開閉された後にもそのミニカーはそこにとどまり，何度も何度もドアの開閉が繰り返されるだけで，次のミニカーがやってこないということが何度かあった。しばらくするとまた走り出すこともあったが，何気なく Th がいつものように声を合わせたタイミングで走りだすこともあった。そのうちに A 自身もその言葉を取り入れて，自ら「バーン」と言ったり，自分は言わずに Th が言うのを待ってみたりという，駆け引きのような "やり取り様のもの" が行われるようになっていった。

　また，並行して同じような展開が別の場面でも見られている。A が好んで歌う CM フレーズや童謡になじんできた Th は，その歌に声を合わせて歌うようになった。最初は Th が歌いだすと A は歌をやめてしまい，Th だけがその続きを歌っていた。そのうち，途中でやめても再び声を合わせてきたり，「続きを歌え」というかのように自分の歌を止めて Th が歌うのを待つように見えたりするようになった。そうしているうちに「くまさん」という独語様のつぶやきを契機に二人で森のくまさんの歌を歌い始め，どちらかが途中でやめたり，声を合わせたりしながら歌い合うやり取り様の遊びへと展開していった。

　その相互の関係性をやりとり "様" と表現したのは，この過程においても，A の視線はミニカーなどにずっと向けられたままで，Th を見ることも表情を示すこともなかったからであり，誰かが客観的に二人の様子を見たとしたら，二人がやり取り遊びをしているようにも，ましてや楽しんでいるようにも見えないだろうと思わせるものだったからである。Th の方は，A の反応を偶然のものではなく，A が意識して行っているのだとなぜか確信して，そのやり取りを楽しんでいた。しかし，この時点だけの過程を見て，これらの確信的な感覚を思い込みだと言われれば「そうかもしれない」としか返すことのできないような言葉では言えない感覚であった。

② 1年目―きっとそこにいる―

　遊びの一部に Th の声が組み入れられたということは，A にとって Th の存在自体もプレイルームの中にあるべきものだと A に意識されるようになったということのようだった。あるとき，Th がいつもいる場所から移動すると，ミニチュアに目を向けたままであったが，突然無関係な単語を一言だけ大声で叫んだ。Th はまるで「ここにいて！」と叫ばれた気がして「ごめん，ごめん，ここにいるね」とそそくさと元の場所に帰ったのだった。

　それからしばらくして，A は開始時に控室まで Th を探しに来るようになる。その部屋に Th がいることを確認さえできれば自然な笑顔で Th が現れるのを待っている。この行動が現れると，そんな A の姿を見て他のスタッフから Th に「A くん Th さんを楽しみに待ってるね」などと声をかけられることもあった。Th 一人の思いこみのような感覚が客観的にも同意を得られたように感じ，A とのかかわりはより楽しい体験になっていった。その一方，同時期に来室から下駄箱に靴を入れプレイルームに入るまでの一連の流れの中に儀式的なこだわりが始まるようにもなった。当然 Th の取るべき行動もその儀式の一部に組み入れられていき，その儀式においてはやり取り様の動きが入る余地はなく，きっちりと A が決めた手続きを守ることだけが求められた。そんな儀式の最中にしきりに「キット」と A は言う。はじめは，意味のよくわからない独語として「キットねえ」「キットだねえ」と返していたが，ふと思いついて「そうだね，（私はいつも）キットここにいるね」「ここではキット遊ぼうね」などと返すようになった。本当に A がそう言いたかったかどうかは今でもわからない。しかし，Th の側には意味のわからない独語が大切な二人のつながりを確認する言葉のように感じられ，こころを込めて言葉を返すことができるようになっていったのは確かなことである。

　この頃になると，単調なミニカー並べが，ミニカーを走らせる背景に標識や町などが並ぶようになり，さらに，やり取り様だった遊びが，客観的にも相互的なやり取りに見える形で行われるようになってきた。A は Th にしてほしいことを「ツンデ（ブロックを積んで欲しいの意）」「モットイテ（このミニチュアは Th が持っていて）」と言葉によって伝えることも増え，そうでない場合にも，A の示す要求のサインは，二人で取り組んでいる遊びの文脈の中で容易に

意味が伝わるものとなっていったのである。

3）Aとの初期プロセスで行われたことからの再検討
① Aの理解と本アプローチの適用
　来談時のAはいわゆる典型的な孤立型と呼ばれるタイプの自閉症の症状や特徴を強く有していた。強いこだわり行動や同一性の保持によって内的な秩序を作り出し，その秩序からはみだすような対処できない外界には背を向けて内的世界に埋没し，常同的な遊びを繰り返すことで安定しているかのようだ。だが一方で，唐突な笑いや相談室を出てから駐車場までのテンションをコントロールできていないような落ち着きのなさから，彼の体験世界の中で，自分の感情や自己の感覚がまとまりのないままにあることも推察された。そういった点からも，Aとの心理療法の最初のアプローチとして，強固な自閉の殻によって分断している内的世界と社会的なかかわりの世界をつなぐことを目指す心理臨床的なかかわりが必要だと思われるケースだと言えるだろう。

　近年，自閉症に対しての理解や対応が進み，早期からのかかわりに対する支援が，子育て支援の中や健診時後の相談などにおいても行われている。そのため，幼児期には社会的なかかわりの"質"の問題はあるものの，独特の形ではあるが，ある程度その内的世界が社会的なかかわりの世界に開かれている場合も少なくない。そういった場合はこの章で述べるような，まず自閉の殻の中に入り，そこから相互作用を促していくというプリミティブな段階からのアプローチは必要ないかもしれない。しかし，より高次な適応のための社会的支援を中心として行うべき段階の子どもであったとしても，それぞれがもっている自閉的な内的体験世界を尊重し関心を向けていくことは，自閉性を含めた子ども自身を理解するために必要だと思われる。

②響き合うことからAの内的体験世界へ
　Aとの経過の初めの半年のところで示したようなミニカーのドアの開閉や歌を用いてのやり取りは，2節で述べた「自閉症児の声の響きや動きのリズムを感じ取り，そっとチューニングを合わせることで自閉の殻の内部にある，情動やイメージに働きかける」かかわりを具体的に示しているものである。

そのチューニングが合うリズムをどのように感じ取ったかは，言葉で表現することは難しい。たとえるのなら，母親の原初的没頭（Winnicott, 1987）の状態のように，ThがAの動きや言葉に一心に耳を傾け，時にはAの横で同じ行動を模倣しながらAの内的体験を感じようと模索するなかで，自然にThの中に沸き起こってきたリズムや感覚であった。

　チューニングの合ったリズムでの働きかけは，相互にやり取りしながら音を合わせていくといったやり取りが繰り返されるなかで，Aの内的体験世界にThの存在ごと組み入れられ，より深いところでの情緒的な相互作用になっていくのである。当然ながらAとは異なり，Thの中では自己の体験世界と社会的なかかわりの世界は明確に分けることのできないほど分かちがたく結びついている。Aは自分の内的体験世界にThの存在を内包したことで，必然的にThのもつ社会的なかかわりの世界とのつながりも取り入れたことになる。このことが，2者関係の形成から次のステップに行く際に大きな意味をもってくるのである。

　一方，このミニカーのドアの開閉や歌の歌い合いの過程は，見方を変えるならば，深いところでの相互作用というほどの意味はなく，何度もThが働きかけるためにこれまでのAが作ったパターンが崩れ，仕方なく新しいパターンが作られたに過ぎないのであって，これまでAが一人でミニカーを並べて歌っていた行動と同じ，単なるこだわり行動ではないかという批判があるのではないだろうか。しかし筆者はこの"パターン（というAのリズム）にThが組み込まれていること"にこそ大きな意味があると考えている。組み込まれても，Thはロボットのように忠実にAの生んだパターンのみをたどるのではない。合わせたリズムはThの中でも共鳴しているため，その響きをかき消さないままで音色を変えた新しい働きかけを生み出すことができ，Aも今度はThからの新しいリズムに共鳴して二人でさまざまな曲（相互作用）を行っていくことができるのである。実際AもThからの働きかけにただ受け身でいたわけでなく，リズムを変えたり止めたりといったようにAの側から働きかけてのさまざまなやり取りを楽しむようにもなっていったのである。

③プレイルームの役割

　Aとの経過の次の段階においてプレイルームの場は重要な役割を果たしている。ThがAの自閉の殻の中に組み入れられたことで，これまで強固に築いた防衛的な守りはThとAとの関係に関して言えば，その役目を果たさなくなってしまった。本来，自閉の殻が機能しなくなることは，硬い鎧をまとう自閉性の高い子どもたちにとって不安の増大や混乱を招くもとになる。一方，既に内的世界に組み入れられているThとの関係の中ではAの自我が脅威にさらされることはないという信頼感も作られている。しかし，Th以外の外的な刺激はまだ簡単には受け止めがたい。そのため，Aはプレイルームそのものを守られた場として用いたのである。入退室時の儀式やプレイルームの入り口のドアの確認は，プレイルームという場の枠組みを明確にし，毎回毎回常同的な行為の繰り返しによって構成された儀式を行うことでその枠組みを強化していたのだろう。プレイルームの中で行われているこだわり様の行動も，入退室の儀式も，一見同じようなThと二人で行う"繰り返し"の行動であるが，プレイルーム内の柔軟にThからの働きかけに応じる反応とは違い，儀式においては，まったくやり取り的なかかわりも手順の変更も許されないことからも，その行為の意味が異なることが推測されるだろう。そうして新たな守りの枠を作って初めて安心し，プレイルームの中で自由に自己の内的世界を展開させることができるようになったのである。しかし，実際にはプレイルームはAの内部にある真に個人的で主観的な内的世界そのものではない。そこで行われることは具体的な形でThが目にすることができ，共に活動を行うこともできる，いうなれば，内的世界でも社会的に開かれた場でもない，その中間領域であって，だからこそ心理療法的な意味が生じる場所であると言えるだろう。

(4) 社会的なかかわりの世界とつながっていくこと

　本章で述べた過程は，人の最早期の発達の考え方から派生して，自閉症の初期の自我発達や症状形成の過程と意味を考え，自閉的な特性をも自閉症児が自己内に秩序を作り出し安定するための大切なよりどころとして捉えたうえで，自閉性を内包した丸ごとの一人の人として，自我の機能や自己の形成に働きか

けることの意義を示している。

　しかし，乳児が母親との対象関係を成立させた後も，そこにとどまらず，どんどんとその世界を広げながら発達していくように，自閉症児とのかかわりに焦点を当てたアプローチも，自閉症児の"内的世界に共にあること"がゴールなのではない。そこにとどまってよしとするならば，やはり自閉症児にとってセラピストは「対象としての他者」ではなく周りにおいてある，一台のミニカーと変わらないものになってしまうだろう。

　彼らには外的現実の世界（いわゆる社会）の中で自己実現をしながら適応的に生きていくことが求められている。心理臨床の課題としては，その現実世界へ適応していくことを支援するという課題もまた重要であろう。しかし，そういった外的現実世界に開かれていく最初の，しかし重要な一歩として，自閉症児の内的体験世界と社会的かかわりの世界につながりを作るこれらの心理臨床的なアプローチの意義があるのではないだろうか。

　最後に，紙面の関係で A とのかかわりの記録は心理療法での動きと変化にとどめた。しかし実際に，彼の変化が全生活において展開していくには，園での先生方の日常的な取り組みと，何よりもご家族の理解と努力なしには至らなかったかもしれない。それらの A と自閉症児にかかわる方たちにお礼と尊敬の念を伝えることで，本章を閉じたい。

引用文献

Stern, D. N. (1985). *The interpersonal world of the infant: A view from psychoanalysis and developmental psychology*. New York: Basic Books. （小此木啓吾・丸田俊彦（監訳）(1989). 乳幼児の対人世界・Ⅰ（理論編）. (1991). 同 Ⅱ（臨床編）　岩崎学術出版社）

Williams, D. (1992). *Nobody nowhere; The extraordinary autobiography of an autistic*. New York: Times Books. （河野万里子（訳）(1993). 自閉症だったわたしへ　新潮社）

Winnicott, D. M. (1987). *Babies and mothers*. Beverly, MA: The Winnicott Trust.

3

わが子の"生"と向き合って
―周産期での心理臨床―

永田雅子

(1) はじめに

　私が臨床心理士として歩みだす前のことである。重度心身障害児の療育グループに初めて参加することになり，ドキドキして緊張してその時を迎えたのを昨日のことのように覚えている。初めてだし，まだ学部生だし，きっとスタッフの人たちの様子を見せてもらって，少しずつかかわり方を覚えていけばいいのだろうと漠然とその場に参加していた私は，首もすわっていない，反応も目と四肢のわずかな動きしかない3歳のYくんを抱っこをするようにと手渡された。「今日からYくんの担当ね」と声をかけられ，座ったまま，ただYくんが私の膝の上にのっかっているような状態で，ただどうすればいいかもわからず私は固まっていた。当時，子どもとほとんど接することのなかった私は，抱っこの仕方もわからず，抱き上げようとしたり，姿勢を変えようとしたりするたびにかくっ，かくっとなってしまうYくんに戸惑うしかなかった。反応も乏しく，この子が何を自分に伝えようとしているのかわからず，自信もなく，どうして自分がこの子の担当なのか？などその大変さの方が募っていた。ただ，周りのスタッフは，「あなたが抱くと反応が違う」と，子どもの顔をじっと覗き込み，Yくんのちょっとした表情や動きを返してくれたり，さりげなくこうするとYくんがいい顔になるなど，私なりのかかわり方を支えてもらっていった。不思議なもので，最初のころは自分ではまったく自分はYくんの担当をする資格はなく，Yくんに対して申し訳なさばかりが先にたっていたのが「そうなのかな」「こんな私でもいいのかな」と少しずつ思えるようになっていっ

た。そしてその頃から，Yくんの微妙な反応を独りよがりの解釈ながら読み取れるようになり，それが声にはならないその子の"ことば"と結びついていった。さぁ，これだったらYくんと少しずつやっていけるかもしれないと思った矢先にYくんは急逝した。無力感とともに，自分の扱いが悪かったことがYくんの死期を早めたのではないか，私がこの子がわからないと否定的な思いをもっていたから早く亡くなってしまったのではないかという自分に対する怒り，Yくんに対する罪障感などいろいろな感情が湧き起こり，自分の中でYくんの死を受け止めるまでにかなりの時間を要した。

今思えば，その子との関係性が少しずつ築かれていった過程，そして関係の中で私の中に起こってきたいろいろな感情が，臨床心理士として活動している私の原点となっているような気がしている。もしかしたら「この子があなたの子よ」と言われたその日から反応のまだ乏しいわが子と関係性を作っていく過程のほんの一部を擬似体験させてもらったのかもしれない。周りのスタッフは私がYくんにネガティブな感情が湧いていたことも，自信をまったくなくしていたのも知っていたと思う。そうした自分の思いを含めて「抱えて」もらっていたのだと思う。

そして，その後，不思議なつながりのなかで，Yくんが生まれ，入院していた新生児集中治療室（Neonatal Intensive Care Unit : NICU）の場に足を踏みいれ，臨床心理士として活動をすることになった。療育グループに参加していたある母親が漏らした「NICUに入院していたあの時が一番大変で，誰かに話を聴いてもらいたかった」という一言がずっと頭の中に残っていて，何ができるかもわからず，何をしていいかもわからず，とにかくNICUに足を踏み入れたというのが最初だった。

(2) NICUという場

NICUは特別の空間だった。今はデベロップメンタルケア（Developmental Care）の考え方が主流となり，照明や音，痛みの配慮がなされ，両親は自由に面会できるようになってきた。また居心地よく家族が過ごせるようにいろいろな工夫が施されるようになり，私が初めて足を踏み入れた1990年代後半と現

在のNICUはまったく別の空間へと変化してきている。しかし,「生」と「死」が隣り合わせであることは変わりなく,多くの赤ちゃんが生まれてきた"いのち"を精一杯生きている空間と場である。その赤ちゃんの姿は,私たちにさまざまなことを語りかけてくる。赤ちゃんの"いのち"を支えるために奮闘している医療スタッフの傍らで,臨床心理士としてできることは何もない。ただ赤ちゃんの"いのち"と出会い,赤ちゃんが発するメッセージを受け止め,赤ちゃんに会いに来る家族の傍らで家族とともに赤ちゃんを見つめ,赤ちゃんと家族の関係が育っていくその道のりに寄り添っていくことである(橋本,2000;永田,2011)。

　NICUは,相談室など自らの意思で心理士のもとを訪れる場とは違い,何らかのリスクを抱えて生まれてきた赤ちゃんとその赤ちゃんに会いにやってくる家族とNICUという場で出会い,家族のニーズに合わせて,母親が入院する産科の病室や,赤ちゃんのベットサイドや,NICUに隣接された面接室など場を移し,どの時期にどのくらい心理士がコミットしてかかわるかについても,柔軟に調整をしていく。誰から依頼されたからではなく,家族と赤ちゃんに無理のないペースで,その歩みに寄り添い,必要な時には心理士がいつでも利用できるようそこに居続けながらかかわっていく。それは,NICUという場の中で,心理士自身が守られているからこそできるかかわりであり,医療スタッフがいて,心理士がいて,そして家族と赤ちゃんがいる。何重にも守られた枠の中で行っていく心理的支援となっていく。そしてまた,NICUが鉄の扉を開いて足を踏み入れることのできる,非日常的な特別な空間だからこそ,また目の前に赤ちゃんがいることで赤ちゃんと親と治療者と三人の空間が生まれ出ることで,周りの風景が背後に隠れていくからこそ可能となってくる心理的支援となっていく。

　臨床心理士として,家族と赤ちゃんの最初の出会いを支えることの意味と,周産期医療の場における心理臨床のあり方について一事例を通して提示したい。なお事例についてはプライバシーに配慮をし,内容を損なわない程度に改変したものである。

(3) ある家族とのかかわり

1) 出会い

　両親は未入籍で，妊娠が判明したときは戸惑いの方が強かったと後日語ってくれた。妊娠中，出血があったものの，母親も仕事をしていて，すぐに受診できず，様子を見ていたところ再度出血。救急外来を受診したその日に破水し，25週で1000g未満の女の子の出産となった。出生時の子どもの状態はかなり厳しく，父，母方祖母には医師から厳しい状態であることが説明された。出産の次の日，心理士である私が，産科病室を訪室することになった。訪室前に赤ちゃんに会いに行くと，加湿のかけられた保育器の中でたくさんの管につながれ，顔つきも苦しそうで，心理士の私からみてもかなり厳しい状況にあることが伝わってきた。一呼吸おいて母の病室を訪れる前に立ち寄った産科病棟のナースステーションでは，「さばさばした人であり，今回の妊娠もあまり気にかけていなかった印象で，落ち着いているので大丈夫だと思います」と担当助産師より話があった。未入籍であること，産科にきちんとかかっていなかったようだという情報を事前に聞いていたのが頭の中をよぎったが，「経過が長くなる可能性もあるので，声だけかけておきます」とお伝えし，病室を訪問することにした。

　母は出産翌日と思えないくらいのすっきりとした表情で，こちらが違和感を覚えるくらいだった。心理士であることを伝え，赤ちゃんに会ってきたこと，力があるように私は感じたが，経過も長くなっていくと思うので，またNICUに面会に来られたときなどお声をかけますのでとお伝えすると，少し考えられた後「話を聴いてもらえますか」と希望された。

　面接室に移動すると，母はただため息をつかれ，途中より涙がとまらなかった。その姿は産科病室で見せた姿とはまったく別人のようだった。しばらくたって絞り出すように「なんだかわからない間に出産となった」「（夫の撮ってきた）ビデオで見たとき，思ったより赤ちゃんの形をしていたけれど，生きていけるのかと不安だった」と話し始めた。産科ではなく仕事先から近い婦人科にかかっていたことなど「すべて自分が悪かったのではないか」と罪障感を訴え，

将来の不安，死への不安を混乱されたように話されていった。「今まで自分ひとりで何とかなってきたから。その分余計にこたえているのかもしれない。自分の家族は，繕ってきた家族だから，どう接していいかわからず，言葉一つ一つに傷ついてしまう。こんな思いをするのであれば……と思う。流産，死産って？」と尋ねられるため＜その子自身の生命力。確かに妊娠・出産の過程で亡くなってしまう子もいる＞と返すと，「自分でまだ混乱していてどう捉えていいかわからない」と目をしばらく閉じられていたが，「泣いてすっきりした」と話された。その日の夕方，初めて赤ちゃんの面会となる。赤ちゃんを見てぼろぼろっと涙され，「おっ。動いている」と一言。遠巻きに赤ちゃんの様子を見られていたと看護記録に記載されていた。

2) 赤ちゃんの現実に向き合う

　赤ちゃんは生後2日の時点で，頭蓋内出血進行がとまらず，今後慎重に経過をみていくと主治医から両親に説明が行われた。生後4日目。母より主治医に，「家族と話し合って心を決めました」「これ以上治療をしないでほしい」と訴えがある。看護スタッフより心理士に連絡があり，主治医と状況を確認したあと，NICUに入室し，赤ちゃんに面会をしている母の傍に立つと，赤ちゃんをじっと見ながら「なんだかねぇ……」「生きとるんだよね」と誰に言うでもなく，ぽつりぱつりと語られた。その姿からは，急な出産と，赤ちゃんの厳しい状況に圧倒され，目の前の赤ちゃんをどう受け止めればいいのかわからないのだろうということが伝わってきた。NICUの中では，治療をやめてほしいという家族の訴えに，スタッフの動揺は大きく，生後6日目にNICU内でカンファレンスが開かれた。主治医より「家族にとって辛い治療にならない形を取りたい。全身状態はよく，積極的な治療をしなくても，生命力があるような印象だ」と報告があり，心理士からは，「急な出産で，それもかなり深刻な状態が続いていて，揺れるのは当たり前の反応であること，母なりに赤ちゃんのことを受け止めようとしているのは伝わってくる。今は，赤ちゃんに会いにくる家族を支え，赤ちゃんと共にいる時間を守ってあげること」とスタッフに伝えた。スタッフがさまざまな思いを語り，赤ちゃんに対してはこれまでの治療は継続していくこと，ただ状態が悪化したときには，積極的な救命措置を取らないということも

含めて，家族と一緒に考えていくことが確認された。翌日，心理士同席のもと主治医から家族へ治療方針について話し合いの場がもたれた。この後どれだけ頑張れるかは赤ちゃん次第だということ，赤ちゃんが苦しまないように最低限の治療は継続していきたいと伝えられると，父は「闇から闇へと思っていた」と語り，母は，「生きちゃうんですよね」「死んでいく辛さは一時だけど，生きていく怖さがある」とじっと固く握りしめた膝の上のこぶしを見ながら話された。そのまま，両親とともに，心理士が部屋に残り，家族と時間をともにしたが，母はただ涙を流し，父は表情硬く無言のままでお互い何も言葉にはならなかった。ただ，この子の生と必死に向き合おうとしていることがその場からも十分に伝わり，＜ご両親もどう受け止めていいかわからないことはよくわかる。ご家族にとっても赤ちゃんにとっても何が一番いいのか，一緒に考えていきたい。また面会に来られるのを赤ちゃんと一緒に待っています＞と声をかけ，両親を送りだした。

3）母の揺れる思い

　その3日後に血圧が低下。脳室に出血広がり，今以上に積極的な治療は行わず，赤ちゃんの頑張りに任せるという方針となる。母は面会に来なくなり，それまで毎日持ってきていた母乳も途絶えてしまう。1週間後，母が面会に見えたことの連絡を看護師より受け，NICUに行くと，母は保育器の中の赤ちゃんを見ながら，「困ったなぁ」とため息をつき，看護スタッフは遠巻きにその様子を見ていた。母に声をかけると，表情硬く，言い放つように「体は元気なのよね」「複雑な気持ちですよね」「ミルクが収まったと聞けば嬉しいような，収まっちゃったんだという気持ちもある」「自分が殺人鬼のように思えてくる」と語っていく。話しながら，ぽろぽろっと涙を流されるため，＜別の部屋でお話を聞くけど＞と声をかけると，「お願いします」と頭を下げられ，別室へと移動した。母は1時間半，堰を切ったように自分の思いを話された。昔であれば死産だった命かもしれない。それを呼吸器がつけられて，治療をして，生きているのは本人の力だと言っても，呼吸器をつけないと生きていけないのがどうして本人の生命力なんだと思う。医療スタッフは助ければそれでいいのかもしれない。だけどそのあとその子と生きていくのは家族。障害が残ります。でも生

きます。後はよろしくって何なのと思う。面会用の椅子を投げ付けて保育器を壊してやりたい。あの子がそれで亡くなってもかまわない……。話される母の口調からその怒りの大きさに圧倒され，ただそこに座って母の思いを受け止めることしかできなかった。ただそれだけ母が児のいのちと向き合っていること，私自身が，児の"生"をどう受け止めていくのかということが問われているのだと感じていた。母はしばらくの沈黙の後，「家に連れて帰りたい……。一緒に家族で川の字になってあの子と寝てあげたいんです。でもそれをするとあの子は死んでしまう」と泣き崩れた。母はスタッフが恐れている治療拒否ではなく，あの子の"生"を誰よりも真摯に受け止めていることが伝わってきた。母に，この思いをスタッフに伝えていいかと確認すると，是非わかってほしいと話された。自分の母親に抱えられるようにして面接室から出て行ったその後ろ姿は，面接前の固い鎧をまとった姿ではなく，自分の力ではどうにもならない状況に圧倒され，力なく立っているのがやっとの状態である母の姿だった。

　その日，ケースカンファレンスの場をもちスタッフに改めて家族の思いは当たり前の思いであること，それを言葉にされるかされないかであって，私たちができるのは，目の前にいる赤ちゃんを支えていくこと，そうした思いをもちつつあの子に会いに来てくれる家族が赤ちゃんと過ごす時間と場を守っていくことだということを伝えた。看護スタッフも自分自身が親だったらどうするのだろうかという自問が繰り返され，生きようとしている赤ちゃんの姿に強く気持ちが動かされていた。母と一緒にいる自信がないという担当看護師を支えるため，面会時は心理士ができるだけ対応することでNICUという場自体をサポートするということになり，また家族もかならず心理士がいる曜日と時間帯を選んだかのように面会に来られるようになっていった。家族が面会に来るたび，一緒に赤ちゃんを見つめ，赤ちゃんの動きや反応をどちらからともなく語り，目の前にいる赤ちゃんが生きようとしていることを共有していった。まだ小さく，赤ちゃんの反応は未分化で，傍から見ると赤ちゃんの動きは無意味なもののようだっただろう。しかし心理士と母が見つめる赤ちゃんの動きや反応は，確かに私たちのやりとりに呼応するように生じていて，まるで母の確信がもてないでいただろう読み取りを「そうだよ」と後押しをしてくれているかのようだった。

4）赤ちゃんの生きる力

　生後1ヶ月もすると赤ちゃんの状態は一時期の厳しい状態を超え，母は，赤ちゃんの様子を見ながら，「この子はこれで快適なのかなぁ。何を考えているんだろう」と語りながら徐々に赤ちゃんの様子を上手に読み取る形での声かけに変わっていった。「この子は周りの思いに関係なく，自分のペースなんですよね。（こうして見ていると）幸せそう。……でも複雑だなぁ」とぽつりと話し，赤ちゃんは赤ちゃんで別の存在であることを意識されるようになっていった。主治医，センター長，看護師長，心理士も交えて，再度両親と話し合いがもたれ，現在の児の状態は脳障害のみであり，何もしなくても少しずつ自分の力で回復してきている。生命力のある子だと感じるため，積極的にそれを援助していきたいと医師より説明がある。話が一通り済んだあと，心理士から＜お母さんの気持ちは＞と問い掛けると，その場で涙を流し，「最初から生きていくのかもしれないと感じていた。でも自分の中であの子は亡くなると思い込もうとした。そう思うことで気持ちが楽になれた。生きていくと思ってはいけないと思っていた。障害が残るが生きますといわれたとき，だから「困る」「困る」と言っていた」と話されていく。＜そう思うように努力してきた＞と声をかけると号泣され，赤ちゃんに対する両価的な思いを吐露されながら，久しぶりに搾乳した母乳を持ってきていることを明かされた。

　その後，赤ちゃんの状態は一進一退を繰り返しながらも，一つ一つ乗り越えていった。赤ちゃんの面会時に，声をかける私に「先が見えない不安は変わらない。私たちに選択肢があるわけではない。あの子を受け入れていくようにじわじわって感じなのかなぁ」と話される。また，赤ちゃんをじっと見つめながら「退院後の生活への不安も大きく，この子に対してネガティブな思いをもったままでいくことに抵抗もある。この子の生は受け入れているんだけど，多分この思いもずっと抱えていくのかもしれない。いつかこの子を育ててよかったと思える日が来て，振り返る時には違うかもしれないけど，今は，そのことが想像つかない。大変なことがほとんどなんだろうな。わからなくてもいいから，同じような出血の子がいまはこうやっているという話を聞きたい。覚悟ができる。せめて……でもと思って余計に不安になる。……」と語る。そうした時間を過ごしながら，二人でしばらく黙って赤ちゃんの顔を見ていると，ふと

赤ちゃんの表情が緩み，その表情を見て，お互いの顔が緩み，肩の力が抜けたように「この子は，何も考えていないというか"無"なんですよね。"この子に罪はない"って言うけど，本当にそう。私たちのほうがいろいろ考えて，罪を作ったり，罪なことを考える。きっとこの子は今は生きることが仕事で，お母さんまた何言っているんだ，しょうがないなぁ。でも私は生きるよって，思っているのかもしれない。こうして見ていると笑っているときもある。体をよく動かしているけど反射なんですよね。反射じゃなくなると，ぱたっと動かなくなる？」＜自分の意志をもって，伝達した命令どおりに動かそうとした時にぎこちなさや硬さが出てくるということだと思う。反射という言葉でうけるニュアンスの違いもある。この子の動きに対してお母さんが感じていることのほうが大事だという気がしている＞と返すと，「そうですよね。まったく何も思っていないようには見えなくて……。育てるなら最良の環境を作ってあげたいと思う。自分がこんなに弱いと思わなかった。まだ後ろ向きの性格じゃなくてよかったかな。会うのも辛いけど，会いたいと思うし，やっていかなきゃって思うから。……複雑だなぁ。でも大きくなれよーって思う。見ていると，やっぱりこの子は殺せないわねぇ。あの子を受け止めている分，先の不安はやはり大きいかもしれない」と話される。その後，おむつだけの裸の赤ちゃんを，お母さんの裸の胸の中で抱っこしてもらうカンガルーケアが開始となり，母は積極的に抱っこをされるようになっていく。カンガルーケア中，赤ちゃんがほっとしたようなニヤッとするような表情をするのを二人で見て，顔を見合わせると「くやしいけど洗脳されているわね」「やっぱりかわいいもん」と笑いながら話される。母は，赤ちゃんを見て「元気に大きくなってくる姿を見て，いまは楽しみになってきている。以前，この子のいのちを絶とうと思ったこと，罪だよね，と主人と話したりしている。こうして見ているとかわいい。でもその一方，いろいろ考える。この子を妊娠し，出産したこと，あんな状態で生まれてきた子を助けたこと，よかったのかどうか。高度医療がすすむにつれて，助かっていく子どもも増えていくのだと思う。その一方，退院すれば24時間みていくのは家族で，サポートしてくれる体制が整っているわけではない。この子は生きたいと願って，生きることしか考えていないんだと思う。でも退院して，障害がはっきりしてきたとき，やはり揺れるのかもしれないと思う。この子の生

命力と言うけれど，まったく自然に任せているわけではなく，ケアしているのも事実。レールにうまく乗せられたのかなと思う。生まれてきたいのちを医療者は助けなければならないのもわかるし，助けた命を親に受け止めてもらわなければならないのもわかる。でも，元気です。大きくなりましたねとあんまり笑顔で言われると，やっぱり複雑な気持ちもありますね」と話されていく。そう話しながらも，赤ちゃんをしっかりと抱っこし，赤ちゃんのちょっとした表情や動きを上手に読み取られて声をかけられる，揺らぎのない母の顔つきだった。

5）わが子と歩む

生後6ヶ月で，吸入器，在宅酸素で退院の方向となる。出血が脳全体に広がっており，神経学的予後が厳しいという話がされたあと，赤ちゃんの様子を見ながら「健常だったらいいけど，そうではない。普通であったら，いろいろあーしてと夢みたいなことを考えるんだけど，そう思えない。この子がどう成長していくのかわからない分，間が飛んで，将来自分たちが年を取ったときのことを考えがすっと飛んだりする。漠然としてしかわからなくて，保育園，学校，その先どうなるんだろうと。ある程度わかったら見通しや覚悟がもてるのにと思う。脳の一部だったらまだ何とかって思うけど，ほとんどつぶれていると聞けば，だめなんじゃないかなって思う。同じような子をもったお母さんは不安じゃないのだろうか……」と話されるため，＜当たり前の思い。先の見えない怖さがあるのではないか＞と返すと，「それじゃなくても半年スタートラインが遅れていて，この子の場合，もっと現実は厳しい。でも，私たち以上にこの子も自分でわからないんだと思う。こんな話をしていると，何言ってるんだ，私は私だよ。と思ったりするのかもしれない」と話されるため，＜子どもの成長，絶対ということはない。リハビリや療育には通ってもらう形にはなってくると思う。その中でいろいろな人と出会ったり，話を聞く機会は増えてくると思う。発達も一緒に見ていく＞と伝え返す。母は「先が見えない分，怖い気がする。先生，やっぱり，周りの大人の方が罪ですよね。子どもは無。いろいろ考えちゃう分だめなのかもしれない。といっても，最近顔見てよく笑うし，この子も少し感情が入るようになったから，無ではないかも……」と赤ちゃんを

見ながら笑われる。

　退院後，外来受診時に声をかける私に「大変だけど何とかやっているよ。この子もわがままでね」と報告される。4年後に弟が誕生。第1子を出産となった在胎週数が近づくと不安定さを訴え，一時期，心理面接を再開したが，その時期を越えると落ち着いて出産を迎えられる。あらためて4年前の出産を振り返りながら，「あの時，誰からも支えてもらっていなかったらどうなっていたかもわからない。こうして笑っていられなかったかもしれない。今は，大変なこともあるけど，この子がいてくれることが幸せ。先生たちにやっぱりだまされたかなぁ」と笑われながら話された。おそらく自分では歩くことも食べることも無理だろうと言われていた赤ちゃんは，左半身に麻痺は残るものの，「弟にはやさしいが，ちょっとわがままなお姉ちゃん」に成長していった。その姿に，あの時感じたこの子の生命力を改めて実感するとともに，目の前にいる赤ちゃんと家族に支えられて，私自身今あるのだということを改めて教えられた気がしている。

(4) 心理臨床家としての役割

　赤ちゃんを授かること，生まれてくること，それ自体が私たちの力ではどうにもならないことが多い。赤ちゃんが生まれてくる瞬間，親もまったく無防備な状態となり，親として生まれおちてくる。渡辺（2000）は，出産後の母親も「羊水のように包まれる」ことが大切だと指摘しているが，赤ちゃんとの出会いを暖かく見守られ，赤ちゃんと共にいる自分を抱えてもらい，何よりも目の前にいる赤ちゃんの存在に助けられて，親となっていく。しかし，NICUに赤ちゃんが入院になるなど，思いもかけない事態に遭遇した場合，親はその事実に圧倒され，ゆったりと赤ちゃんと時間を過ごすことも保証されないまま，父には父の，母には母の役割が求められる。とくに，赤ちゃんが何らかのリスクをもっている場合，目の前にいるわが子と出会う前に，そのリスクをもつ子という事実を受け止めることを余儀なくされてしまう。ある母は「自分と同じような幸せはこの子は得られないかもしれないということがつらい」と語られたが，灯台の光もない，どこへ続くとも先がみえない，真っ暗闇の中に放り出されて

しまうような感覚に陥るのではないだろうか。

　母と私が歩んできたプロセスは，その傍らに寄り添うことで母の語り（ナラティヴ）を支え，そのときそのときに生じてくる母の思いをあるがままに受け止めるコンテイナー（container：Bion：松木，2009）として機能していくことだった。母は，心理士に語りながら，自分のこころの内を探り，過去，現在，未来に思いをめぐらせて，生まれてきた赤ちゃんへと意識を向けていった。そのとき，私もまた，母の思いを受け止めながら，生きようとしている赤ちゃんに思いを馳せていった。母が，いろいろな思いを抱えたまま，赤ちゃんとともに"いる"（Winnicott, 1987）ことは，辛い時もあったのではないかと思う。心理士が傍らに寄り添うことで，母と目の前にいる赤ちゃんへのからのメッセージを一緒に感じ取り，共有し，確認していく作業は，母と赤ちゃんの間で起こってくる間主観的（Stern, 1985）なやり取りのその瞬間を共有し，支えることになったのではないかと感じている。そしてそのプロセスの中で，目の前の赤ちゃんは，何もできない生かされているだけの赤ちゃんではなく，生き生きとして自分の意思をもっている，まぎれもないひとりの人として生きている赤ちゃんとなっていった。医学的には何の反応も期待できないであろう赤ちゃんが，意思をもち，個性をもった存在として母の前に現れはじめたとき，母は，誰よりも目の前の赤ちゃんの言葉にならないメッセージを読み取り，赤ちゃんの微妙なサインに適切に反応し，赤ちゃんと生きていくことの自分なりの意味を見出されるようになっていった。

　NICUは，扉を開いて中に入ることのできる非日常的な空間であり，足を踏み入れた途端，現実から離れた時間であり場となる。そして目の前にいる赤ちゃんに意識を向けることで，まわりの風景は背景に押しやられ，赤ちゃんと親そして赤ちゃんを一緒に見ている人との間に閉ざされた空間と場を生じさせる。NICUが守られた場であったとしたら，赤ちゃんとの出会いに戸惑い，揺れ動く家族を抱える環境としてNICU自体が機能し，何重にも親子を守る枠を保証するだろう。臨床心理士がNICUの中に，"いる"ということは，赤ちゃんを目の前にすることで揺れるスタッフの思いを支え，家族の思いを心理学的な視点で通訳し，スタッフと家族との橋渡しをしていくことでNICUという場自体を守っていくことにもつながっていくと感じている。

(5) おわりに

　人は誰しも思わぬ出来事に出会ったとき，自分と向き合うことを余儀なくされる。その時々に生じてくるさまざまな思いを誰かに抱えてもらうことで，自分のこころのうちを探り，自分と出会い，また一歩ずつ歩み出すのだと思う。それは人が生まれて，この世を去る日まで，何度も何度も繰り返し経験されることだろう。心理臨床の専門家としてできることは，"今，ここで"生じてくる思いにこころを寄せ，寄り添い続けることを土台にしながら，必要に応じて具体的な支援をつないでいくことで，その人なりの生き方を見出していくことを支えていくことなのかもしれない。そして，それは，どんなに小さく生まれてきた赤ちゃんであっても，どんなに重い障害を抱えた人であっても，目の前にいる存在から感じ取るメッセージをしっかりと受け止めていくことが大事なのだと，重度心身障害の子どもたちの療育と，NICUでの臨床が教えてくれたように感じている。

引用文献

橋本洋子（2000）．NICUとこころのケア　第2版　家族のこころによりそって　メディカ出版

松木邦裕　（2009）．精神分析体験—ビオンの宇宙　岩崎学術出版社

永田雅子　（2011）．周産期におけるこころのケア—母と子の出会いとメンタルヘルス　遠見書房

Stern, D. (1995). *The motherhood constellation: A unified view of parent-infant psychotherapy*. NewYork: Basic Books.（馬場禮子・青木紀久代（訳）(2000). 親－乳幼児心理療法—母性のコンステレーション　岩崎学術出版社）

渡辺久子（2000）．母子臨床と世代間伝達　金剛出版

Winnicott, D. M. (1987). *Babies and mothers*. Beverly, MA: The Winnicott Trust.（成田義弘・根本真弓（訳）(1993). 赤ん坊と母親　岩崎学術出版社）

4

子育ての時間
―子育て支援の現場から―

中西由里

揺れながら前へ進まず子育てはおまえがくれた木馬の時間
俵万智　『プーさんの鼻』より

(1) はじめに－『木馬の時間』

　冒頭に引用したのは歌人の俵万智さんが，妊娠中から出産を経て子どもが1歳代くらいまでの時期に詠んだ歌を集めた歌集の中の一篇である。私は，この歌に初めて出会ったときに，歌人の直観は何て素晴らしいのだろうと感銘を受けたことを思い出す。俵さんは子育てについて「揺れながら前へ進まず」と形容し，それを「木馬の時間」と表現している。「揺れながらちっとも前へ進まない，子育てをしている間に社会からどんどん遠ざかっていってしまう……」と焦りを感じてしまうのか，それとも「揺れながら前に進まない時間を『木馬に乗って揺れている』」と感じ，じっくりと楽しみ味わおうとするのかによって，子育ての時間の長さや受け止めは随分異なることだろう。

　俵万智さんは，木馬の時間をわが子が与えてくれたかけがえのない時間として捉え，揺れを楽しんでいる。しかし，私がかかわっている子育て支援の現場で出会う乳幼児の母親たちは，育児について，「社会から取り残された感じ」や「こんなに頑張っているのに，頑張っている自分を誰もほめてくれない」「子どもが思うように言うことを聞いてくれない」「子どもってもっとかわいいものだと思っていた」「こんなに大変だとは思わなかった」との不平や不満の訴えがよく聞かれる。

　上記のことに思いを巡らせながら，私に与えられたこの章では，「子育ての時

間」の質的な意味について考えてみたい。

　質的な研究の1つの方法論として，鯨岡（2005）は，エピソードを描くことの意味について次のように述べている。

　　人と人との関係の営みの中には当事者ないしはその近傍に居合わせた人にしか感じ取ることのできない「生き生き感」や「息遣い」が，生まれ出ており，しかもそれはその当事者に，あるいはそこに居合わせた人に，いくつかのメタ意味を喚起することがわかります。そして，そのメタ意味がどのように紡ぎ出されるかは，関わりの歴史はもちろん，関わる相手を取り巻く背景，当事者の過去経験，当事者の抱える「理論」（意味された理論や意識されない暗黙の理論）によって異なってくるといわねばなりません（鯨岡，2005, p.29）。

　さらに，鯨岡（2005）は，読み手の了解可能性がエピソード記述の方法論における一般性の意味だとも述べている。エピソードやエピソード記述を中心とした事例研究に対する，個別にとどまって，一般性，普遍性をもたないから価値が低いという議論に対しても，読み手の了解可能性という意味で一般性，公共性を目指すものであると反論を述べている。そして，客観的な，実証科学的な観察において求められている「誰とでも代替可能な無色透明な存在」ではなく，「観察者が代替可能である」という前提に立たないという視点を提唱している。別な表現を使えば，「『誰がどう見ても』というレベルでの記述」ではなく，「『私がどう見たか』を明らかにしようとした記述」を重視していると言えよう。

　また，本書の第1部のタイトルに「声なき声のメッセージ・"こころ"を感じること」とあるように，本章では，「感じること」を重視した記述を求められていると理解し記述を進めていくことにする。その際に「私がどう感じたのか」ということを意識して書いていきたい。

(2) MRグループと私，そして子育て支援へ

　私がMRグループに療育者としてかかわり始めたのは学部4年生のときであった。その意味でMRグループは私の臨床の原点でもある。その頃の子ど

もたちは，いわゆる「発達の遅れのある子どもたち」であり，幼稚園や保育園に入園前の精神発達遅滞児や自閉児であった。それまで子どもとかかわる経験のなかった私は，「臨床の心」だけではなく，それこそ抱っこの仕方からトイレ介助のやり方まで子どもの日常生活上の支援のスキルについても，諸先輩方から手取り足取り教えてもらったものであった。

　その後，私自身の出産でMRグループを一時休み，また戻ったとき，グループの子どもたちは重度心身障害児となっていた。通園施設や幼稚園・保育園での発達遅滞児の受け入れが進み，あえて大学で行う療育グループで受け入れる必要がなくなってきたからであった。そこで，療育グループ等での受け入れの機会の少ない，在宅（もしくは入院）していることの多かった重度心身障害の子どもたちをMRグループで受け入れるようになっていったのだ。

　復帰してからは，子どもの療育担当ではなく，母親グループ担当となった。子育て中の私にとってはMRグループで出会った母親たちは，「母親」の先達であり，私の方が教えられることが多かった。

　MRグループでの療育の経験は，パートの心理判定員として勤務していた児童相談所でボランティアの大学生たちの手を借りながら運営していた療育グループにも生かされた。自分が教えられたように，ボランティアの学生に子どもの抱き方について実演しながら教えたことを懐かしく思い出すことができる。

　また，私は現在民間の保育園に併設されている子育て支援センターで「育児相談」を担当させてもらっている。私がこの「子育て支援」にかかわりをもとうと考えた原点もMRグループにある。

　MRグループで出会った子どもの親たちとのかかわりは私自身の臨床に強く影響を与えてきた。それは，相談室における日常の療育だけではなく，家庭訪問や夏の山海合宿（海水浴）等を通して，子どもたちの家族と触れあう機会が多くあったこととも関係している。私が子ども担当の療育者としてかかわっていた発達障害幼児を対象としていた時代は，療育への参加も母子での参加が主であり，時々年少のきょうだいたちが一緒に参加するという状況であった。しかし，療育対象の子どもたちが重度心身障害の子どもたちとなっていき，子どもたちの障害がより重くなり，介助の手が複数必要になってきたことや，父親が育児に参加するようになりつつあった時代の変化との両方で，父親が療育に

参加する機会が増えてきた。そうすると必然的に「家族ぐるみ」の参加となってくる。私たち療育者も家族全員とかかわりをもつようになっていき，合宿などを通してのいわゆる「同じ釜の飯を食う」体験もより親密性を増すことに役立っていた。

　臨床の分野では，来談者（クライエント）とのかかわりは面接室においてのみであり，面接室外もしくは相談機関外での日常的な接触をもたない，もしくはもとうとはしない立場もあるが，子どもを含む家族全体を支える場合には日常性に入り込むことも必要になってくるだろう。療育においては，通常のセラピーと比べ，1回のセッションの時間が長いため，必然的にトイレ介助や食事，散歩などの屋外の活動も含まれてくるので，どうしても日常性が入ってくることになる（MRグループでは季節の行事などのイベントも重視していた）。こうした経験を通して，私は来談者の置かれている状況や生活を重視するというわゆる生態学的アセスメントを重視するという見方を身につけることができたと感じる。

　MRグループで，療育者として，親グループの伴走者としてかかわるなかで，障害とともに生きている，精一杯生きようとしている子どもたちとその母親や家族から，多様な「元気」や「エネルギー」をもらってきた。それを別の形で社会に返したいという思いが，子育て支援を手伝いたいと考えたきっかけの1つでもある。育児に少し悩んだり困ったりしている若い母親たちに対して，私がかかわりサポートをすることで，今より少しだけ元気になって子どもと向かい合ったり，少しだけ前向きに生活できるようになったり，疲れや負担感が軽減することになればと考え，私から「子育て支援事業」のお手伝いをしたいと申し出，子育て支援センターでのかかわりが始まったのである。「育児相談」の実際については中西（2012）を参照されたい。

(3) 子育て支援の現場

　私が現在サポートをしている子育て支援事業について簡単に紹介したい。そのフィールドは，厚生労働省の子育て支援策の一環として保育園に併設されている「保育所子育て支援センター○○」である。その園は公立ではなく民間の

保育園で，産休明け保育，障害児保育，延長保育，一時保育，休日保育など多様な内容の保育を行っている保育園である。元々この園と親しくなったきっかけは，A市の統合保育の巡回指導の指導員としてかかわり始めたことからである。その園に子育て支援センターが併設され，遊び場開放や子どもの年齢別の育児グループ（0歳児と母親，1歳児と母親，2歳以上未就園児と母親）の支援が始まった際に，私自身も関心があり（MRグループにかかわっていたので「グループ活動」が好きであることもあって）育児グループに時折参加したり，学生や院生をボランティアとして紹介したりしていた。そうこうしているうちに，相談の担当を私の方から申し出たのである。

相談は育児グループ終了後の時間に設定され，原則予約制である。時間は30分〜1時間位である。相談室での相談とは異なり，いわゆるインテーク面接は行わない。予約の際に，子育て支援センター担当保育士が相談の概要を聞いておいてくれることもある。子どもの発達上の相談で，その子どもが育児サークルに参加していたり，一時保育を利用している場合は，その際の子どもの様子を伝えてもらうこともある。

原則はその場で，一番相談したいことを訊き，そのことに関して簡単に様子をうかがい，その場で助言をする，というスタイルをとっている。

相談を受ける場所は，現在は園内のホールの一角にパーテーションで仕切られた小さな個室スペースが作られたのでそこで行っていることが多い。個室スペースが作られる前は，同じくホールの片隅の絵本コーナーを利用していた。基本的には，子どもを遊ばせながら面談をするというスタイルである。子どもの様子によっては園庭で遊ばせながら，立ち話様に面談をすることもある。ある意味場面設定の枠はゆるく，臨機応変に対処しているという状況である。

(4) 子育て支援の現場で出会った人たち

私が現在子育て支援センターで行っている「育児相談」の内容を分類すると表1のようになる。

当初予測をしていた「育児不安」や「育児やしつけについてのちょっとした相談」は最近では少なく，発達障害の疑いなどの相談が増えている印象を受

表1 育児相談の内容

1	子どもの発達に関するもの	健常な子どもの発達上の問題について
		発達障害のグレーゾーンの子ども
		発達障害との診断を受けている子ども
2	しつけに関するもの	食事
		トイレットトレーニング
		その他
3	母親自身のことについて	性格／生き方／病気のこと／その他
4	卒乳・離乳について	
5	その他	

けている．次に，子育て支援センターでよくある相談のいくつかを紹介したい．以下に紹介する事例は，実際の事例ではなく，「よくある相談」を複数事例まとめた架空のものである．ただし，そこで語られている内容は，私が実際に受けた相談であり，創作は含まれていないことを記しておく．

　表1の相談内容の種別に「卒乳・離乳について」との項を起こしたのは，この内容の相談が比較的多いからである．母乳での授乳をやめることを以前は「離乳」と呼んでいたが，最近は「卒乳」という表現に変わってきている．この用語の使い方には，無理矢理母乳での授乳を終わりにするのではなく，赤ちゃんがおっぱいを卒業するのを待つようしようとの捉え方の変化が背景にある．

事例：A子さん（30代）子どもは1歳10ヶ月

　相談内容：母乳での授乳をやめたいがやめられない

　食事は3回とも普通食を食べるようになっている．むずがったときや寝かしつけるときの授乳がやめられない．そろそろ母乳をあげるのをやめたいと思っているがついつい子どもがほしがるのであげてしまう．また，言葉が少し遅れていることも心配である．

　助言：「離乳」でも「卒乳」でも，基本的には子どもの問題ではなく，母親自身の問題であることを伝える．A子さんがどれだけ真剣に授乳をやめようと思って行動にでるかどうかの問題である．子どもによって個人差はあるが，デ

ータによれば，長くて1週間もすれば子どもは母乳の飲み方も忘れてしまうことを伝えた（根ヶ山，2002）（また私自身の経験も時に伝えることもある。二人の子どものうち，一人は3日かかった。しかも初日は子どもが泣き疲れないまま朝を迎えてしまった。つまり一晩中泣き続けていた。もう一人は2時間ぐずって終わった）。

　面談中の様子を見ていると子どもが少しぐずるとＡ子さんはすぐに母乳を与えようとしたので，「ちょっと待って。おっぱいをあげないでなだめてみてください」と助言をし，おもちゃなどで気を紛らわせてみることを提案してみた。

　「こんな風にぐずっても他の方法で気を紛らわすことができるでしょう。おっぱいをあげたがっているのはＡ子さんの方かもしれないわね」。

　また，子どもも乳児から幼児になりつつあるので，いつまでもいわゆる「赤ちゃん」として対応するのではなく，幼児としても対応してあげるようにも助言した。言葉かけやおもちゃで気を紛らわすなどのいろいろな対応の仕方をとってみるようにも伝えた。

　さらに，Ａ子さんのおしゃれ心にも触れ，「外出先でおっぱいほしがられたり，胸を探られたり，服を引っ張られたりして困ることはない？　授乳可能な服ではなく，もっと違うおしゃれをそろそろしたいとは思わない？」などとも声をかけた。

　また，言葉が遅いのではないかとも気にしていたので，以下のようなことを伝えた。「ぐずったときに，おっぱいをあげるということは，文字どおり口を塞いで静かにさせることで，言葉を使っていないし，子どもも口を塞がれたら言葉を発することができないでしょう。言葉を使わなくてもいいと伝えているようなものですよ」。

　授乳や食べ物を与えることも同様だが，いつまでも授乳を続けていることで，とりわけなだめる手段として，授乳で口を塞ぐことで，言語的なコミュニケーションの機会を減らし，子どもをいつまでも乳児期に止まらせているような扱いをしていると言える。

　私自身や子育て支援を共に担当している保育士とは，卒乳まで待つのではなく早め（といっても1歳半位までに）に授乳をやめることを積極的に伝えてい

こうと歩調を揃えている。

　多くの場合，長く授乳を続けることが，母親が「手っ取り早く口を塞いで子どもを静かにさせる」という手段となっているため，他のなだめ方のレパートリーを少なくさせている。言葉でなだめることがないため，子どもの方も言葉で訴えることをしなくなり，その結果，言語的なコミュニケーションが減り，言葉の発達も遅れ気味になってくると考えられる。

　子育て支援にかかわって感じることは，若い世代になるほど，育児がへたになってきているということである。たとえば，「今日，雨が降っているのですが，どうやって園まで行ったらいいですか」というものがある。自宅の場所を尋ねると比較的園の近くであったので，電話を受けた担当者が，赤ちゃんを抱っこして傘をさしたり，ベビーカーにレインカバーを被せて赤ちゃんを乗せてきたりしています，と答えたとのことである。おそらくその母親は乳児を連れて雨の日に外出をしたことがないので，他の人たちがどのように対処しているのかを見る機会もなかったのだろう。

　ここで「抱っこをして」と伝えても「おんぶをして」と言っていないのは，最近の若い母親たちは屋外ではほとんどおんぶをしないからである。私たち中高年の者は，両手が空き自分自身も活動しやすいこと，子どもと密着しているため子どもも安心すること，視線の向きが同一方向で見る対象の共有化がしやすいことなどから日本の伝統的な育児方法の1つであるおんぶの便利さを知っている。それに何よりも，私たち人間は，前に転ぶことはあっても後ろ方向ではせいぜい尻餅くらいで背中からバタンと倒れることは少ない。そういう意味でも「おんぶ」は安全な子どもの移動方法であると思われる。最近の流行はスリングという布を用いて赤ちゃんを体の前に保持する方法である。ただ，何人かの人たちに，おんぶはしないのかと尋ねたときには，屋内ではおんぶをする，家事をするには便利，との回答があったことからまだ廃れてはいないようである。

　最近の若い母親たちとかかわっていると，子どもの様子から子どもが伝えたいことを理解するという感覚がもちにくくなっているということを感じる。重度心身障害の子どもたちとかかわった経験から，少しの表情の変化，少しの成長がかかわるこちら側にとっての喜びであり，励みになるということを私は教

えられた。もちろん療育のかかわり手は，日常をずっと見ているわけではなく，子どもたちがグループに参加できるくらいに元気なときを見ているだけなので，ある意味ぜいたくなかかわりという限定がついていることは承知しておかなければならないだろう。

(5)「トビアスはぜいたくな楽しみ」セシリア＝スドベドリの言葉

「トビアスはぜいたくな楽しみ」という言葉は，ダウン症の男児トビアスのきょうだいたちが，見たり，感じたり，考えたことをありのままに記した絵本の巻末に母親であるセシリアさんが寄せた文章のタイトルである。

少し長くなるが，セシリアさんの言葉を以下に引用して記すことにする。

> 今，わたしはトビアスがいるということに，ぜいたくな楽しみを感じています。トビアスについて書くのも，ぜいたくな楽しみです。……（中略）
> 　わたしは以前から，折りにふれて，思いついたこと，考えたことを書きとめておく癖がありました。……言葉が小鳥となって，わたしの中にとび込んでくるのです。
> 　……トビアスが生まれて10分たったときお医者様に，「トビアスは障害児です」と告げられました。わたしのまわりに難しい問題がおこったときにそうしていたように，わたしはわたしの体から抜け出してわたし自身をみつめて，考えました。
> 　「どうやって乗り切れるか，見ていよう」と，冷ややかに言ってみました。わたし自身の中で小鳥たちがあばれまわり，からだと頭をつっついていましたから，抜け出たわたしは，なかなかわたし自身の中に戻れませんでした。小鳥たちを沈めることができないまま数日がたちました。わたしは，わたし自身の中にもぐりこんで，小鳥たちを吐き出してしまわなければならないと思いました。
> 　失望して悲しそうに怒っている沢山の小鳥たちを，わたしはおいだしました。その小鳥たちを暖炉でもやしてしまってから，わたしはわたし自身の中に再び居座りました。そしてわたしの男の子をみつめました。お乳の出にくいおっぱいと戦いながら，無心に鼻をならしている赤んぼうを……。家族の一員としても，わたしたちにまだなじみのない男の子を……。（中略）
> 　わたしたちは，トビアスのために，そして普通と少し違う子どもたちすべてのため

に，わたしたちでできることがあれば，なんでもしたいと思い，宿題も，掃除も，栄養を考えた食事も，全部わきへ追いやることにしました。こうして，わたしたちはトビアスとのぜいたくな楽しい生活を送りました。……

……トビアスのような子と一緒にいるからこそできた，すばらしい経験がたくさんありました。わたしたちは，それを書いていきたいと思っています。

　セシリアさんは，成長のゆっくりしたトビアスと過ごす時間を「ぜいたくな楽しみ」と表現し，家族みんなでそのことを味わっている様子が絵本から伝わってくる。私がこの絵本に出会ったのは，出産前のまだ若い頃であり，MRグループの子ども担当の療育者としてかかわっていた頃であった。その時に漠然と，発達のゆっくりな子どもたちにつきあうことは一つひとつの経験をゆっくりと味わうことができる「ぜいたくな」経験なのかもしれないと思い，この「ぜいたくな楽しみ」というフレーズが心にストンと落ち，いつまでも忘れることのできないものになった。

　歌人の俵万智さんの「木馬の時間」というフレーズにも同じような印象をもった。くわえて，MRグループの同窓会で再会したお子さんを亡くしたばかりのIさんの「寂しくて寂しくて……毎日朝からSの世話をしてSのことを考えていたのに……いなくなってしまったので……」という語っていた言葉が私の中で響き合ったのだった。

引用文献

鯨岡　峻（2005）．エピソード記述入門―実践と質的研究のために―　東京大学出版会

中西由里（2012）．育児相談と心理治療―子育て支援センターと臨床心理相談の役割　椙山臨床心理研究，**12**，15-20．

根ヶ山光一（2002）．発達行動学の視座―〈個〉の自立支援の人間科学的探究　金子書房

セシリア＝スドベドリ（編）　山内清子（訳）（1978）．わたしたちのトビアス　偕成社

俵　万智（2005）．プーさんの鼻　文藝春秋

5

子どもとともに歩むということ
―子どもの語りを受けとめる―

松本真理子

(1) はじめに

　筆者自身の心理臨床実践の原点は，当時筆者が籍を置いていた名古屋大学臨床心理相談室の風土の中にある。そして，指導教官であった故村上英治名誉教授の臨床家としての背中を仰ぎつつ後輩の指導にあたっていたのが後藤秀爾先生を始めとする諸先輩であった。

　心理臨床の実践を始めて，四半世紀を過ぎようとする最近になってようやく，心理臨床の原点について語ることができるようになった気がしている。その原点とは，結論から言えば，村上先生がご自身の臨床実践を通して，示し語られてきたことであった。筆者の臨床実践の歩みはそのことを確認する長い道のりであったことに今，気づいている。

　本章では，筆者自身の事例を通して，子どもとともに歩み続けるということについて，そして子どもの語り―それは描画とロールシャッハ法によって示された―に耳を傾けるということの意味について考えてみたいと思う。

(2) 事　　例

　ユウタ（初診時11歳4ヶ月　小学校6年生）　男児
（本事例は筆者の臨床実践初期の頃の事例であり，概要などを改変して引用している）

主訴

友だちができず，いじめられることがある。

文字を書くことにこだわりが強く時間がかかる。

来談までの経過

保育園の頃から，集団行動が苦手でひとりでいることが多かった。学校を嫌がることはないが，休み時間はひとりで本を読んでいることが多い。些細なことにこだわりが強く，文字はマス目から出ると消しては書き直している。運動は苦手で縄跳びがうまくできない。最近，ノートに落書きされることがあり，いじめられている様子。ユウタ自身も「僕はだめだから」と言うようになり，友だちがいないことを気にしている様子で，心配になった母親がユウタを同伴して来談。

家族歴

弟（3歳下）と両親の4人家族。父親は会社員で，子どもとはあまり遊ばない。しつけは厳しく，ユウタに対して「しっかりやれ！」と怒ることが多い。母親は専業主婦で，ユウタが文字を書き直しているのを見るとイライラし，叱ることが多い。

生育歴

満期産分娩であり，周生期に特記すべきことはない。定首は3ヶ月，人見知り（＋），始歩は12ヶ月，始語は14ヶ月などその後の発達に目立った問題はなかった。1歳6ヶ月健診でも問題なく，3歳で保育園に入園した。その頃から母親はユウタと視線が合いにくいことや言葉の増えが遅いのが気になっていた。保育園時代から集団に入るのが苦手で，ひとりで本を読んでいることが多かった。書字だけでなく何をやるにも時間がかかるので，テストの成績は悪い。

面接の経過

小学校6年生の夏から中学2年生の夏まで約2年間，計43回の面接経過である。面接は，非常勤先の心理相談室で行われた。母親とはユウタとの面接後15分程度筆者が面接を行った。なお面接経過の中に，知能検査とロールシャッハ法の所見概要も記載した。ロールシャッハ法の形式分析は，包括システムによるものである。

1) Ⅰ期 ＃1〜＃7（X年7月〜10月）
環境におびえて生きるユウタ―大昔の恐竜にあこがれる―

　初めて出会ったユウタは，小学校6年生としては小柄でメガネをかけた華奢な体型の男の子であった。＜こんにちは，初めまして。心理士の松本真理子です，よろしくね＞（以下筆者の発言は＜　＞）と挨拶すると，うつむいたまま黙って頭をぺこりと下げ，見え隠れする表情は不安そうで，何かにおびえているかのようであった。筆者が＜ユウタ君が学校で友だちがいないことを，お母さんは心配しているようだけど＞と語りかけると，困惑の表情で筆者の方をうかがい見るユウタであった。しばらくの沈黙の後に＜困っていることあるかな？＞と問いかけると小さな声で，しかしはっきりと，「字がきれいに書けないと気になる」「中学校の勉強についていけるか心配」「友だちがいないこと」と教えてくれた。筆者は，これからここで困っていることを一緒に解決していきたいこと，ユウタのことをもっと知りたいので夏休みにやってほしい検査があること，を伝えた。ユウタはこの頃には，少し安堵の表情を見せて「いいよ」と答えてくれた（＃1）。その後2週間に1回の面接が開始された。筆者はこの時点で，彼との面接の場は，何よりもまず人とのかかわり合いを体験する場となることを目標とした。

　＃2では＜好きなことある？＞と尋ねると「絵を描くのが好き」と答え，ユウタとは描くことを通して面接を進めることにし，その後は，相互スクィグル法が面接時間の多くを占めることになった。なお本事例における相互スクィグル法は3枚相互法であり，ユウタと筆者が同時に別々の白紙に線をなぐり描いたものを交換し，それに各自で描画するという方法である。初回のスクィグルは［山・風船（図1），火山，カラス・お寺］（以下［　］は描画内容）と断片的な描画ではあったが，比較的スムーズに描くのが印象的であった。夏休み中のユウタは，書字のこだわりや集中力の問題から，1日中机に向かって宿題をこなしている日々であった。暇な時間は自室で恐竜の絵を描いているとのことであった。＃7では愛読書としている恐竜の図鑑を持参し，嬉しそうに恐竜の説明をしてくれた。

　この時期のスクィグルは＃1と同様に，見えるものを断片的に描画することが多かったが＃4では［蛇がカエルをつかまえようとしている］という対象に

(2) 事　例　55

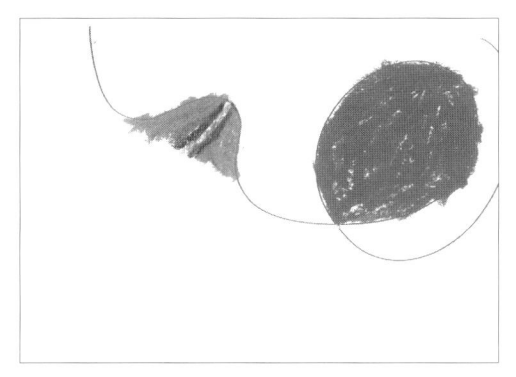

図1　描画1「山・風船」(#2)

関係性のある関係描画が初めて出現した。

　#3までの間に2回にわたり，ロールシャッハ法（表1），WISC，SCTとバウムテストを実施した（検査者は別の心理士）。

　知能検査（WISC-Ⅲ）の結果は言語性IQが96，動作性IQが69，全IQが80であった。下位検査の内容を見ると，言語性では算数（評価点6）と理解（6）が低く，動作性では絵画完成（5），絵画配列（6）や符号（4）が低かった。また単語（12）が高得点であることはユウタの読書好きを示すものであり，一方符号の低得点は記号の書き方がきわめて丁寧で時間がかかってしまうことによるものであった。

　ロールシャッハ法の結果は，包括システムによる形式分析からは，反応数は32個（同年齢一般平均値17個：小川・松本，2005）と多く，F反応は31個で，ラムダは31（平均値4.5）ときわめて高値であった。またEB = 0：0，EA = 0で，現実人間反応 = 0であった。これらの結果から，ユウタが柔軟に外界に適応することの困難さ（自援システムでは慢性的な心理的機能障害の可能性）や，内外の刺激に対する精神活動の全般的な乏しさ，人間関係を築くことが困難であることなどが特徴として示された。

　一方現象学的接近（村上他，1977）からは，時間をかけて向き合おうとするユウタの努力，一方で認知の特徴として「形からそう見えた」という説明の繰り返しに示される外界の形を拠り所として生きる姿がうかがわれた。またユウタにとって見えるものの中に「人間」はなかった。そして，Ⅰ図版では「基地」

表1　1回目　ロールシャッハ反応

図版	反応時間	位置		反応内容とコード（包括システム）
Ⅰ	1'37"	∧	1	耳が4つある犬（顔が犬，形からそう見えた）　Wo Fu A 1.0 INC
	3'36"	∨	2	基地（形がそう見えたから）　Wo Fu Sc 1.0
Ⅱ	56"	∧	3	鬼（角がある形からそう見えた）　Wo F- (Hd) 4.5
		∧	4	かぶとがに（形がそう見えた）　Dso（領域番号5）F- A
		∧	5	ディズニーランドにあるやつ（白い形から）　Dso (5) FC'- Sc
		<	6	犬（2匹，形がそう見えた）　Ddo (99) F- 2 A
		<	7	ライオン（形からそう見えた，2匹いる）　Ddo (99) F- 2 A PSV
	2'45"	∧	8	おっとせい（形がそう見えた，2匹いる）　Do (2) Fo 2 A
Ⅲ	18"	∨	9	リボン（形からそう見えた）　Do (3) Fo Cg
		∨	10	くわがた虫の前の部分（前足と目と口の形が似ているから，メスのクワガタ）　Do (1) F- Ad
	1'38"	∨	11	土偶（形がそう見えた）　Do (1) F- Ay, (H)
Ⅳ	18"	∧	12	ジェット機（形がそう見えた）　Do (5) F- Sc
		∧	13	怪獣（形がそう見えた）　Do (2) F- (A)
		∨	14	くわがた虫（オスのクワガタ，足と顔が似ているから）　Ddo (99) F- Ad
	2'2"	∧	15	ロボット（顔と肩からそう見えた）　Do (3) Fu Sc, (H)
Ⅴ	1'32"	<	16	鳥（形からそう見えた）　Wo Fo A 1.0
	2'4"	∨	17	蝶（形からそう見えた）　Wo Fo A 1.0 PSV
Ⅵ	1'45"	∧	18	三味線の上の部分（形からそう見えた）　Do (3) Fu Sc
	1'57"			
Ⅶ	9"	∨	19	マンモスの頭（2頭，形からそう見えた）　Do (3) Fu 2 Ad
		∨	20	しっぽの長いうさぎ（2匹，形がそう見えた）　Do (1) F- 2 A
		∧	21	鶴（形からそう見えた）　Do (1) F- A PSV
		∨	22	電球（白い所の形からそう見えた）　Dso (10) Fo Sc
		∨	23	くま（頭と足が似ている）　Ddo (99) F- A
	1'20"	∨	24	キノコ（形からそう見えた）　Dso (10) Fu Bt
Ⅷ	21"	<	25	ヒョウ（2頭いる，形からそう見えた）　Do (1) Fo 2 AP
	1'29"			
Ⅸ	39"	∧	26	鹿のつの（形からそう見えた）　Ddo (99) Fu Ad
	51"			
Ⅹ	11"	∨	27	靴（形からそう見えた）　Do (2) F- Cg
		∧	28	蟹（足が似ているから）　Do (7) Fo A
		∧	29	地下足袋（形からそう見えた）　Do (8) F- Cg
		∨	30	さそり（形からそう見えた）　Do (1) Fo A
		∨	31	タツノオトシゴ（形からそう見えた）　Ddo (99) F- A
	1'36"	∨	32	カブトガニ（頭の形が似ているから）　Do (11) F- A

という反応を示し，最終のX図版が「カブトガニ」で終わる彼のロールシャッハの世界は，あたかもユウタが外の世界から必死で身を守ろうとするその姿を語っているように思われた。

2) Ⅱ期 ＃8〜＃16（X年11月〜X+1年3月）
現実の人とのかかわりを体験するユウタ―描き合う楽しみを知る―

　次第に面接の場面での表情が柔らかくなり，当初のおどおどした表情は見られなくなっていった。またスクィグル中もニコニコしながら描画し，〈それ何？〉と尋ね「僕は〜だよ」と教えてくれたり，筆者の描画をのぞき込んだりすることが増えてきた。学校では修学旅行があり，ユウタはその後の面接で（＃9）「東京タワーと〜と〜に行ったよ」と語ってくれた（＃9）。しかし母親によると，旅行中級友との会話がまったくなかったと担任から言われたとのことであった。＃9では［蛇がカエルを食べようとしている］描画が出現している。＃10では［サンタクロースとトナカイ］を楽しそうに描画した。ユウタにとって初めての人間像であった。冬休みには，宿題のため1日中机に向かう生活で，それを父親から叱られることが多かった。スクィグルでは，サンタクロース以降は，断片的な描画が多かったが，その中で＃13では［果樹園］（図2）＃14では［キノコ］を30分かけて丁寧に描画する姿が見られた。筆者の描線をきっかけにして，自由画として自らをのびのびと表現しているかのような印象を受けた。

図2　描画2　「果樹園」（#13）

3) Ⅲ期　#17〜#29（X+1年4月〜10月）
かかわりを紡ぎ始めるユウタ—スクィグルの物語—
　ユウタは中学校に入学した。「学校は楽しいよ」と語るものの，母親によると宿題が終わらず夜中まで机に向かっていることや，担任からしばしば電話があり行動が遅いと注意を受けていることが語られた。学校の理解が十分ではないことから，筆者から担任宛てにユウタの状態像を説明し，配慮を依頼する手紙を書いた。一方，家庭ではこれまであまり話したことがないという弟にユウタから話しかけ，一緒にゲームをするようになった，と母親は嬉しそうに報告してくれた。面接では，入室時からニコニコと指で描線のなぞり描きをするなど，スクィグルを楽しみにしている様子がうかがわれた。#17では再度［ヘビに食べられるカエル］が出現した。#18では［ビルを壊しているところ］#19では［斧で木を切っているところ］#21では［ひよことそれを見ているニワトリ］（図3）など，物語性のある描画を描くようになってきた。#22では［サーフィンに乗る人］の描画で，人物の表情が鮮明に描かれていた。
　夏休みには病院主催の1泊のキャンプに参加した。自由行動の時間はひとりで黙々と貝を拾っていたが，集団ゲームの時間は実に楽しそうに参加していた。

図3　描画3「ひよことそれを見ているニワトリ」（#21）

母親によると帰宅後，キャンプの出来事を途切れなく話してくれ，そうしたユウタを見るのは初めてで驚いたとのことであった。この頃より二次性徴が始まり，声変わりしてきたユウタであった。＃28には母親の都合が悪く，ユウタは初めてひとりで来談した。＃29のスクィグルでは［うなぎパイを食べるウナギ］を笑いながら描き「自分でも笑える，これウナギパイだよ」と語り，余裕をもって描画を楽しむユウタを見る思いであった。一方，父親は相変わらずユウタの行動に対して叱ることが多いとのことで，筆者は両親での来談を依頼した。

4) Ⅳ期　＃30～＃37（X+1年11月～X+2年3月）
攻撃性を表出するユウタ―自立への歩みの兆し―

　＃30は両親で来談された。学校から呼び出しを受け，挙動不審，学力が低いので養護学校へ行ってほしいと言われたとのことであった。挙動不審とされた行動はユウタによると図書室をさがしていたとのことであった。親としてはこういう子なので地元の中学を卒業させたいと語られた。筆者は，父親にユウタの行動の特徴を説明し，ユウタの歩みを家庭で見守ってほしいこと，学校には再度筆者から手紙を書くことを伝えた。この時期のスクィグルでは，これまでのスクィグルの中でカエルを食べていたヘビが［マングースにやっつけられる］描画（＃31 図4）や画面一杯の口を開いた顔の描画（＃32）［マッコウク

図4　描画4「マングースにやっつけられるヘビ」（#31）

表2 2回目 ロールシャッハ反応

図版	反応時間	位置		反応内容とコード（包括システム）
I	43"	∨	1	宇宙船（形から）　Wo Fu Sc 1.0
	53"			
II	55"	<	2	何かの動物（形かな？　この辺が頭かな〜？）　Do (1) Fu A
		∧	3	オットセイ（形から）　Do (2) Fo A
	1'29"	∧	4	カブトガニ（形からそう見えた）　Do (3) Fo A
III	18"	∧	5	人間（顔と胴体と足が似てる，荷物持ってる）　D+ (1) Mpo 2 H, Sc P 3.0
	43"	∨	6	蝶（形から）　Do (3) Fo A
IV	35"	>	7	水面に映った何かの動物（この辺足とシッポと角と頭に見える，これが水面）　W+ Fr- A, Na 4.0
	44"			
V	25"	∧	8	鳥（頭と足と羽が似ている）　Wo Fo A 1.0
	30"	∨	9	蝶（羽と触覚と足と頭が似ている）　Wo Fo A P 1.0 PSV
VI	43"	∨	10	小さいトゲトゲのあるももんが（全部トゲトゲついてる）　Wo Fu A 2.5
	1'10"	∧	11	変な形のギター（形からそう見えた）　Wo Fu Sc 2.5
VII	43"	∨	12	うさぎとねずみ（こっちがうさぎ，こっちがねずみに似てる）　Do (1) Fo A
		∨	13	白いところがカサ（形から）　Dso (10) F- Sc
	1'12"	∧	15	うさぎ（シッポと胴体が似てる，2匹いる）　Do (2) Fo 2 A
	Additional	∧	14	果物持ってるサル（ここがサルに見えた）　D+ (1) Fmpo A, Fd 1.0
VIII	27"	<	16	ヒョウ（2頭いる，形からそう見えた）　Do (1) Fo 2 A P
		∧	17	鳥（くちばしと羽と顔が似てる）　Do (4) F- A
	60"	∧	18	ハンググライダーパラシュート（形から，ここが持つところ）　Do (5) F- Sc
IX	13"	∨	19	鳥（横顔が似てる）　Do (3) F- A
	45"	∨	20	サルの前の部分（横顔から）　Do (1) Fo Ad
	Additional	∨	21	あっ！ここから人がそっとのぞいている感じ　Ddo (99) Mpu H
X	11"	∧	22	タツノオトシゴ（形から）　Do (9) Fu A
		<	23	さかな（目と足が似ている）　Do (9) F- A
		∧	24	蟹（形からそう見えた）　Do (7) Fo A
		∧	25	ライオン（形からそう見えた）　Do (2) Fo A
		∨	26	鳥（羽と足と顔）　Do (10) Fu A
		∨	27	カブトガニ（シッポと胴体）　Do (11) F- A
	1'40"	∨	28	海藻がついた岩（形からそう見えた）　Dv/+ (1) Fu Bt, Ls 4.0
	Additional	∧	29	小さな人（ここが人にも見えた）　Do (1) F- H

ジラがイカを食べる］描画など（#35）これまでには見られなかった攻撃性の表出が感じられることが多かった。一方，そうした描画に見られる色の塗り込みの力強さは，ユウタの自立へのエネルギーを感じさせるものでもあった。家庭では弟に対して注意するなど兄の自覚が出てきたこと，服装に対してこれはイヤと自己主張するようになり，自分の顔を鏡で見ることが増えるなど，自己への関心の高まりが示唆された。

　#32と#33の間の冬休み中に2回目のロールシャッハ法を実施した（表2）。
　ロールシャッハ法の結果は，形式分析では反応数は26個と若干減少し，F反応は24個，ラムダは16と1回目に比して数値は低下したものの，平均値からは相変わらず顕著に高値であり外界への適応の困難さが示されていた。一方，EB = 1：0，EA = 1と人間運動反応が1個出現したことが初回からの変化であり，Fr（鏡映反応）も出現しており，わずかに人間や自己への関心が芽生えていることが示唆された。しかし全体としての変化は乏しく，包括システムによる分析では面接方針の再考を要すると考えられるものであった。

　一方，現象学的接近によるロールシャッハ解釈からは，初回にはステレオタイプ的に「形からそう見えた」と説明していたユウタが，たとえば「この辺が足と尻尾……」など，具体的な説明を加えるようになっていることが大きな変化と捉えられた。検査者に対して自分の考えを具体的に説明しようとする姿勢は人とかかわり合おうとするユウタの姿勢に重なるものであった。Ⅲ図版では「2人で荷物を持っている」とP反応を産出し，反応の中にも，ユウタの人間とのかかわりが反映されている。さらに，2回目の大きな特徴として，質疑段階において追加反応（Additional反応，名大式では重視される）が3個産出されたことがあげられる。そのうちの2個が現実人間反応（H）であり，Ⅸ図版では，「人がそっとのぞいているみたい」，Ⅹ図版では，「小さな人」であった。対人場面での緊張は強いながらも，人とかかわることに開かれていることを物語るものと思われた。またⅠ図版の反応は「宇宙船」である。初回は「基地」であった。身を守ることが何よりも大事であったユウタが，未知の世界を目指す乗り物を同じ図版に産出したというこの変化に，筆者は外の世界へ出ていこうとするユウタのエネルギーを感じた。そして，ロールシャッハを通したユウタの語りは「小さな人」で終わっている。姿こそ小さいけれど，しっかりとそこ

に立つユウタの姿を見て取ることができた。

5）V期　　＃38〜＃43（X+2年4月〜7月）
新しい環境を選択するユウタ―新たな歩みを決意する―

　中学2年になって，書字のこだわりも次第に減ってきたことや弟の面倒をよく見てくれることが母親から語られた。一方，学校では級友によるからかいが次第にひどくなり，チョークの粉をかけられることもあった。両親は転校を検討し始め，他校の特別支援学級を見学することにした。＃40で，ユウタにいじめについて尋ねると「あります，大変です」と硬い表情で答えた。筆者は，つらいときには休もう，と伝えた。この回のスクィグルは［カバのアクビ］であった。筆者は［カブトガニ］を描いて渡した。その後いじめの改善はなく，ユウタは自ら転校を決意した。転校に伴い来談が困難になるために，残り2回で面接を終了することをユウタと話し合って決めた。

　＃43の最終回ではユウタは「2年間楽しかった」と語り，最後に［クレーン車］と［ヘビの卵とロック鳥の卵］（図5）を描いて筆者に渡してくれた。筆者は［木の中にいるウサギ］を描きユウタに渡した。

　母親は来談当初にあったユウタに対するイライラや怒りはなくなり，今はユウタのペースを守ってあげたいという気持ちが強いと語った。また父親もいじめの一件を機に，ユウタを守らなくてはという気持ちが強くなり，家庭でも叱るよりも認める発言が多くなったとのことであった。

図5　描画5　「ヘビの卵とロック鳥の卵」（#43）

(3) 面接を振り返って——個性記述的接近と法則定立的接近——

　19世紀の哲学者ヴィンデルバンド（Windelband, W.）は自然科学に対する認識方法としての「法則定立的接近方法（Nomothetic Approach）」に対して，事象の「一回的内容」をその「特殊性」において把握しようとする方法として「個性記述的接近方法（Idiographic Approach）」を提唱している。ユウタに対する見立ては，医学的診断基準に沿うならば広汎性発達障害の範疇とされるものであろう。知能検査や包括システムによるロールシャッハ法から見えてくる結果はそれを裏づけるものであった。一方，ユウタはユウタにしかない独自の歩みを続ける存在であり，そのなかで筆者は約2年間，描画を通してユウタとともに歩んできた。現象学的接近によるロールシャッハ法には，そうしたユウタの成長を見てとることができたと思われる。すなわち初回のロールシャッハ法では「形からそう見えた」というフレーズを機械的に繰り返すユウタが1年数ヶ月の後には，人に言葉をもって伝えようとする意欲を示し「2人で荷物を持っている」という人と人とのかかわりを示し，そして，追加反応というユウタらしい方法で「そっとのぞく人」や「小さな人」を見ていた。

　村上ら（1977）はロールシャッハの現象学的接近において「臨床のなまなましい実践領域の中で私どもの前にたちはだかるひとりの生成する存在者としての，いわゆる"実存する人間"と立ちむかうとき，私たちがいかなる方法論的立場に拠るべきか改めて問い直す必要もないように思われる。……その相手方を普遍化された人間一般からの，あるいは統計的基準に立つ集団の平均からの単なる逸脱とか，歪曲とか，阻害とかの視点でとらえることの無意味さは今さらいうまでもない」と述べている。ユウタがロールシャッハ法に示してくれた歩みは，現象学的な眼差しによってこそ見えてくるものであった。

　筆者が初めて出会ったユウタは，おびえるような表情を外の世界に示し，自室でひとり大昔の恐竜の絵を描くのが好きな少年だった。そうしたユウタはスクィグルによる語り合いを通して，人とかかわることを体験し，II期になるとニコニコと嬉しそうに筆者の描画をのぞきこむユウタに変化していった。さらにIII期では，断片的な描画から，物語性のある描画に変化していった。一方，

中学生になったユウタを取り巻く環境は、宿題の多さについていけず、学校からは行動について注意されるなど厳しさを増していった。続くⅣ期では、同級生からもたびたびのいじめを受けることになり、ユウタの描画には「食うか食われるか」といった攻撃性の表出が増えていった。しかし筆者はむしろ、そうした表出ができるようになったユウタの力を信じた。家庭では兄としての自覚や自己主張がみられるようになっていった。最後のⅤ期で、ユウタは自ら転校を決意することになった。筆者は、彼の環境を守る手伝いが十分にできなかったことに対する申し訳なさを感じつつ、転校を決意したユウタに頼もしい成長ぶりをみる思いであった。最終回に描いたクレーン車と卵は、クレーン車のように力強く環境に向かっていこうとする決意と、ときに卵のように殻の中で自分の世界を守りたいという彼の気持ちを物語っているように思われた。

　2年間のユウタとの歩みの軌跡は、ユウタと筆者の互いの描画を通した語りに耳を傾け合うものであった。広汎性発達障害における対人関係の障害には、ソーシャル・スキル・トレーニング（SST）など行動療法的接近が行われることも多い。そうした接近も選択肢としてはあったかもしれない。しかし筆者は、おびえるユウタの世界にまずはそっと寄り添っていくことから始めたいという思いがあった。

(4) ともに歩むということ

　村上（1992）は、内なる人間性理解の4つの視座として①独自性：一人一人が可能性をもつ独自の存在として生きること、②尊厳性：より意味深く生きようとすること、③主体性：内なる光を秘めた主体的存在として生きること、④発達性：その人なりの独自の歩み、をあげている。そうした人間性理解に基づいた心理臨床実践は、おのずとその主体的歩みを大切にした、相互的関係の歩みとして「その人を援助する」のではなく「その人に手を差し伸べる」のでもなく、「その人とともに歩む」ものとして初めて成り立つものである。筆者はユウタとの歩みを含め多くの子どもたちとの歩みの中でこのことを学んできた。

(5) おわりに

　子どもとともに歩むということ，子どもの語りを受けとめるということの実践を事例で紹介した。改めて事例を振り返った今，厳しい環境を生きていたユウタにとって，筆者との歩みは何がしかの意味があったのだろうか，とも思う自分がいる。と同時に，ユウタの自立への歩みの力強さに，むしろ当時の筆者が支えられるものがあったのかもしれない，とも思う。
　心理臨床実践とは互いがともに歩み，ともに成長し合う，そういうものであると思う。

引用文献
小川俊樹・松本真理子（編著）(2005)．子どものロールシャッハ法　金子書房
村上英治・渡辺雄三・池田博和・細野純子（1977）．ロールシャッハの現象学―分裂病者の世界―　東京大学出版会
村上英治（1992）．人間が生きるということ　大日本図書出版

6

児童期の子どもと家族への支援

宮本　淳

(1) はじめに

　児童期は，心理学的には「潜伏期」と言われ，それを挟む乳幼児期や思春期と比べて身体的にも精神的にも比較的安定しており問題が表に出にくい時期だと言われている。しかし，児童期も後期になるにつれて，潜伏していた幼少期からの問題が再び顔を出したり，「いい子の限界」と呼ばれる思春期前期の問題が少しずつ姿を現すようになる。児童期の子どもにとって最も重要な他者は親であり，子どもが示す問題行動はそれまでの親子関係に変化をもたらすきっかけになることも少なくない。この時期の子どもに対する援助は，同時に家族への援助も視野に入れた働きかけが重要になる。その場合，どのような援助の形態が有効であるか，援助者は柔軟に判断する必要がある。本章ではこれらのことについて事例をもとに考えていきたい。

(2) 事例　　知子（仮名）不登校　小学6年生

　事例はプライバシー保護のため本筋に影響がない程度に内容に変更等を加えたものである（以下，「　」はクライエントなどの言葉，＜　＞は筆者（以下，Th）の言葉を表す）。

1）インテーク面接から母子同席面接

　知子は高学年から，気に入らないことがあるとすぐに怒るようになり，友だ

ちに対していじめともとれる支配的な態度を示すようになった。その様子を担任に指摘されたことをきっかけに欠席し，間もなく全欠状態になった。生育歴では保育園での登園しぶりや他児と遊ばないで先生にずっとくっついていたというエピソードが語られた。しかし，母親は知子が当時どうしてそのような姿だったかについては考えたことはなく，入学後に落ち着いたからか，「小さいときからいわゆる手のかからない子」という認識でまとめられた。

　インテークを終え，知子の年齢から親子別々のセラピストによる母子並行面接を行おうとした。しかし，知子は分離面接終了後，「ここでは面接したくない，（子ども）担当を替えてほしい」と抵抗を示した。知子の抵抗については，これまでも相談機関に母親が連れて行くけれども，いつも数回で知子が「自分とは合わない！」と怒ってしまい，長くは続かなかったことを聞いていた。Thは次回以降の面接の仕方について検討することを余儀なくされた。翌週の面接には母親だけが訪れ，別のセラピストとの並行面接を強く希望した。＜単に担当を替えてもこれまでと同じことが繰り返されるかもしれません＞と伝えると，母親は「あの人は好き嫌いがはっきりしていて，自分に対してこういう風にしたらと言われるのが嫌みたいで，ちょっと私が意見を言うと『私のことをちっとも考えてない』とか言うんです」と不機嫌そうに知子の性格を語った。Thは＜今の知子さんの状態だと別々の担当者による母子並行面接は難しいかもしれません。本人が望むのであれば当面は母子同席面接で進めていく形もできることを伝えて下さい＞とした。その後すぐ「母子一緒で」を希望する電話が入った。

2）母子同席面接から母子並行面接へ

　知子に確認すると「お母さんと一緒がいい」と三人で面接室に入る。インテーク時と同様に，知子は入室前からずっとタオルを口のところにあてている。Thが面接の形態についてのやりとりを尋ねたり，＜カウンセリングをしたいの？＞など問いかけると，知子は「うん」「そう」という反応だけではあるが，どれもじっくり考えてからThの目を見て応える。反応の様子から＜カウンセリングってどんなことするイメージかな？＞と尋ねると，しばらく考えて「ただ普通に話すだけ」と素っ気なく答えた。知子とのやり取りの間，母親はよそ

を向いて他人事のような感じであった。その関係性も含めて面接室での二人の様子から＜当面は同席面接の形態で進めること，その中で知子さんは箱庭を作ってほしいこと，母親との話を聞いて何か思うところがあったら何でも言ってくれていいこと＞を伝えた。すると知子はうなずいて箱庭に向かい，母親の話を時折気にしながらも箱庭を作り始める。できあがった箱庭は，中心のしっかりした箱庭で「動物と人間が協力して木を抜いて持ってきて花を植えて，みんなでサンタを待ってたら，真ん中に降りてきたところ」と表情よく説明する。Th に説明をしている間も母親は箱庭の方をまったく見ようとせず他所を見て固まっていた。

　次のセッションで，知子は箱庭を「できたらやりたくない」と拒否した。Th は＜今日は知子さんが話をしている間，もしよければお母さんが箱庭を作ってみませんか＞と提案した。知子は緊張のせいか＜どんなことお話したい？＞などの問いかけに対しても，はじめは「わからない」とするだけであった。しかし，趣味の話になると自分の好きなアーティストについて表情よく話すようになる。その様子に＜聴いてくれる人がいると嬉しいんだね。＞＜知子さんがしたかったカウンセリングって言うのは，聴いてくれる人が欲しいってことかな？＞と伝えると「うん。そう！」と笑顔で応えた。母親の様子をうかがうと，完成した箱庭を前にして黙って立っている。箱庭は二分化された世界で「右下にいる1匹の西洋のお化けがこちらの世界に入ってこようとしているのを入れないようにしている。拒んでいるわけではないけど」という，何か異質なものを入れないようにしている場面が表現された。

　その後は，知子が箱庭を作りたいと感じた回は母親が主に話をし，そうでない時は母親が箱庭を作るという面接形態を続けた。母親は話をする際に，知子に確認や反応を求めるなど話題を共有しようとすることはなかった。知子も母親の話を気にしているようではあるが，Th が＜お母さんの話を聞いててどう思った？＞など水を向けない限り，話に入ってくることもなかった。同席していても母子間の相互交流は見られず，まるで別々に存在しているかのように感じられるセッションが続いた。

　同席面接を始めて2ヶ月ほど経過した頃から，知子は登校刺激などについて母親への不満ともとれる発言を口にするようになった。知子の発言は「そんな

(2) 事例　知子（仮名）不登校　小学6年生

に行きたくないなら休めばいい！」「学校に行くか行かないかは本人が決めることで私が口を出す問題ではない！」と母親の感情的な反応を引き出すこととなった。知子も初めは喧嘩腰で応じるため口論になるが，母親の態度は変わらないため，結局は知子が泣き出すか，黙ってしまうしかない雰囲気で終わってしまうことが繰り返された。この口論の終わり方を Th は心苦しく感じていた。

　口論が中心とも言える面接がしばらく続いたあるセッションで，知子は面接を始める前に「今日は知子がお話ししたいことがある」と神妙な顔で訴えた。その様子に＜その話はお母さんがいない方がいいかな？＞と確認すると「いない方がいい」と答えた。母親が退室すると，知子は「不登校になった理由は，多分ストレスがあったんだと思う……。部活でいろいろあって……それで，部活を辞めたくなってお母さんに言った。でも，お母さんは中途半端なこととかは嫌いな人だから，すごい怒って，それからお母さんに相談できなくなって，毎日が嫌だった」と語った。＜お母さんにわかってもらいたいことがあっても，言いたいことがなかなか伝わらなくて苦しかったんだね＞「うん。お友だちとのことも相談しなかった。あんまり相談とかできない」。知子の語りを聞いた後＜お母さんが変わっていくように，Th がここで引き受けていくね。時間がかかるかもしれないけど待ってくれるかな＞と伝えた。すると「うん。ねぇ知子は？　知子はどうしたらいい？　何を話したらいい？　お友だちとのことも治るの？」と堰を切ったように次々と尋ね始めた。セッションの最後に「よかったぁ。何か安心した」とすごくほっとしたような顔をした。

3) 母子並行面接から終結へ

　それからは知子の希望と Th の判断で母子同席であったり，どちらかが席を外したりという面接形態になった。知子は「交代交代がいい」と，自分が Th と話す時間，母親が話す時間，同席の時間のどれも大事にしているようであった。同席の際には「今までお母さんの前ではあんまり泣かないようにしてたんだよ。前泣いてたら，お母さん怒ったから」と自分の思いを直接母親に伝えるようになった。同席面接では口論になることもしばしばであったが，激しい口論でも泣いて終わることはなく，おさまりがつかないときは「後は Th と話しといて」と退室した。知子との個別面接では「最近，お母さんちょっと変わっ

たよ。家で話すことが増えたよ」と嬉しそうに報告することも出てくるようになった。Thは＜お母さんも一生懸命どうしたらいいか，手探りで探しているところだから，嬉しい対応をしてくれたときは伝えてあげてね＞と返した。母親面接の方でも「ここで，先生が時々＜どう思うの？＞って聞きますよね。私はすぐ答を出してしまう。いけないんだなと思うんだけど，「〜しなさい」って言う感じでやってきたからなかなか治せない」と子どもへのかかわり方について内省するようになってきた。＜お母さんが，子どもとのかかわり方を考えるようになったことが，知子さんの自己主張を引き出しているのだと思いますよ＞と伝えると「家では当たり障りのない話ばかりで，あの子が「こう思ってた」とか話をするようなことって，ここでしかできないんです」と同席面接の場を母親自身も大事に考えていることが語られた。この時期に母親が作った箱庭は「静かな湖畔」や「ユートピア。中心にいるのはマリア様。何でも受け入れてくれる。そういうのが理想かな」と穏やかで受容的な雰囲気の場面が多く，箱庭の説明をするときはどこか嬉しそうでもあった。

　同席面接を開始して約半年が経過し，新学期を機に知子は別室登校を始め，すぐに教室にも戻ったため終結となった。フォロー面接では，同席場面での喧嘩は随分少なくなり，知子のことについて三人で話しているような感覚であった。親子だけで表情よく会話をすることも見られ，母親の発言に対して「そこまで考えてくれてありがとうって感じ」「家でももうちょっと話したいな」「もう大丈夫っていうと，心配されなくなっちゃう気がする。まだ時々は一緒に考えて欲しい」と感謝や甘えを表現するようになった。そういった知子の求めに反応するように，母親があるセッションで「お母さん，わからなくてごめんね」と自然に応えたことがあった。そのときの対応は知子の中では「すごい嬉しい反応だった」と個別面接の際に語られた。

(3) 考　察

1）子どもの求めているものを汲み取ること

　筆者が子どもを支援していく際にまず考えることは，かかわりの中からその子が何を望んでいるかをしっかりと感じることである。力のある子どもが環

(3) 考　察

境を変えるために身体化や行動化によって相談にあらわれることも少なくない。「親に理解され心理的に支えてもらいたい」など，子どもが意識的・無意識的に切望していることを汲み取って援助者の中にそのイメージを膨らましていくことが重要だと考えている。

　事例でまず筆者は，タオルを口にあてて相談に現れ，面接中も外すことのできない様子から，知子には口唇期的な問題，つまり母親との愛着の問題があるように感じた。また「担当を替えてほしい」と並行面接を拒否したのは，知子の「心の満たされなさ」や「母から分離した一人の個として他者と向き合えない弱い自我」を表しているのではないかと考えていた。かかわりからは「カウンセリングとは，ただ普通に話すだけ」と何気なく言った言葉がなぜかとても気になった。その感覚を思惟しつつ，同席面接で知子の言動に関心をもたないような母親と，箱庭の説明などを話す際に，時折見せる知子の表情の良さを見るにつれ，次第にあの言葉の意味は，文字どおり「ただ普通に話をしたいだけ，でも自分には普通に話をできる環境がなかなかない」ということではないかと感じられた。同時に，普通に話せるようになりたい人は母親であり，母親への「私のことをちっとも考えていない」という発言も「私のことを考えて欲しい」という期待を込めた要求であろうと考えた。このように汲み取ったことから，知子が不登校という形で求めていたものは，幼少期に「母親と情緒的な関係が切れていて不安である」ことや「つながりの安心感を得たい」ことを表現したけれども，いつの間にか「手のかからない子」とされてしまった未解決の課題，すなわち登園しぶりのやり直しではなかっただろうか。と知子の内なる願いについてのイメージを膨らませていった。

　汲み取った知子の想いを確認しながら，もしそうであれば母親に伝わるように援助しようと面接を進めていくと，あるとき「母親と相談したいけど（今の母親とは）相談できない」と，知子から見た母親の姿と関係性がセラピストだけに語られた。筆者の経験から，比較的初期の箱庭や発言に子どもの抱える問題の全体像が表現されることがよくある。それらは子どもの中でも意識化されておらず未分化であるため，そのときは意味がはっきりとはよくわからない。とにかく大事な表現であろうと感じていると，やがて面接の経過とともに子どもとの間でお互いに明確になっていくのである。この知子が語った親との関係

性も，意識的に抑圧していたものではなくて，はじめは自分でもよくわからないまま望んでいたものが，セラピストとの交流の中で次第に明確になっていったものではなかっただろうか。

　面接当初に筆者のイメージしていたことと，母親とつながりたいという知子の内なる願いが同じであることを確認できてからは，母親にセラピストとともに考えてほしいメッセージを残し退出するなど，知子が先導する形で母親への変化を促す面接になった。セラピストは親子の橋渡し的な役割だけで，知子は自分の想いをもとにして親子の関係性を変え，それに伴い自己を回復していった。不登校になりやすいタイプの子どもについて桑原（1999）は，いわゆる「よい子」「人の気持ちがわかる子」「他人の痛みも自分の痛みと感じる子」「家庭を動かすだけの力のある子」をあげているが，知子についてもそのような子ではなかったか。実は本章で仮名を「知子」としたのも彼女は自分の求めているもの，母親なりに頑張っている姿，そしてセラピストの力までも，すべて「知っていた子」でなかったかと子どものもつ力を何度か実感したからである。援助者としては子どもが必要としながらも表現できないことしっかりと感じ取り，母親に伝えることも含めて，子どもが望む方向へと変化させていくことが重要な仕事であろう。

2）切り離された親子をつなぐこと

　筆者は心理臨床の世界に触れ始めた時期に，ほとんど寝たきりの障害重い子どもたちとその家族の集団療育に携わっていた。療育の場で目の当たりにした母親のもつ強さや子どもを中心としてまとまる家族の力は，筆者が家族支援を考える際の原点である。子どもの障害や情緒的な問題などのため親子の絆が見失われつつあり，機能が自然に発揮されない状態にある家族に対して，家族を治すのではなくて，まずは母性の傷つきを癒すこと，そして子どもや母親の思いを共有することを通して新しい家族のつながりが生まれるような働きかけを支援の柱として考えている。

　事例では，知子の訴えに対して「それは私の考えることではない」「嫌なら休めばいい」などとしか応答できない様子から，来談当初の母親は知子の情緒をうまく扱えないようであった。「手のかからない子」であったはずの知子と不

(3) 考　察

登校をきっかけに情緒的にかかわることを求められたことは当時の母親にとっては大変なことであっただろう。母親が最初に作った箱庭は，母子同席面接状況も含めてこれまでしてこなかった異質なもの（情緒）を受け入れることへの抵抗の表現ではなかったか。ここで，小此木ら（1982）は「母親が子どもの困難を自分とは関係のないものとしてみる防衛的態度を"切り離し"と呼び，母親面接の中でその態度を解決し，母親自身が子どもの諸問題に母子間の交互作用を認める様になることが技法上の焦点である」と述べている。知子の話や箱庭に関心をもたないように見えた姿は"切り離し"に近い状態であったとも言える。この"切り離し"について筆者の考えを少し述べたい。まず，"切り離し"の背景には母親の自他の分化の弱さに由来する問題があるのではないだろうか。以前，子どもの主体を認められなかったある母親が「これまで子どもの言うことを認めると"支配されている"感じがしていた，"相手の考えになってしまう"と感じていた」と語ったことがあった。子どもの感情表現をうまく扱えない親には，このように子どもの個を認めることができないことが関係しているように思う。その根底には母親自身の個が認められなかったという体験があるのだろう。次に"切り離し"をせざるをえない母親への働きかけについて意識していることがいくつかある。最も意識していることの1つは「お母さんとしてはこういう思いで言われたんですよね」「お母さんとしては不本意でしたね」など，まずはセラピストとの関係の中で少しでも親自身が情緒を受け止められたという体験になるように，親なりに子どもを良くしようとしている姿を認めることである。加えて「怒ったり要求するのは，そういう形で子どもはお母さんに期待をしてますので」と子どもの想いを伝え，母親の成長を期待しつつ支えていくことである。こうした態度は自我境界の弱い母親にはとくに必要だと思うし，意識することで子どもの方だけに加担し，母親からすれば子どもとセラピストの両方から否定されるというような体験を引き起こしにくいように思う。さらに母子同席という形態では"切り離し"に対して「お母さんとしてはどう思いますか？」「その時お母さんにどう言って欲しかったの？」とお互いの話の後に積極的に話を振ることも意識している。セラピストのそうしたかかわりがきっかけで，母親が主体的に子どもとかかわりやすくなったり，切り離された親子の想いがつながることも少なくないからである。

児童期の子どもと家族の支援の場にいると"切り離し"を感じる関係に出会うことは少なくない。ただ，表面的な態度としてはうまくできない親であっても，子どもが「親にわかってもらいたい」と望むように，親は「わかってあげたい」と内心では望んでいるものだと思う。今回の事例でも母親は子どもが作った面接の機会の中で，セラピストも含めたやりとりや箱庭を通して子どもの内面と向き合っていくことを続けた。その過程で母親の方から主体的にセラピストをモデルにして子どもとのかかわり方について内省したり，「ここでないと意味のある喧嘩ができない」と面接室を親子がわかり合えるようになる場として利用するようになっていった。面接の後半では「なかなか治せない」と言いながらも，子どもの箱庭に関心をもつようになったり，「あの子は違うと言うと思うんですけど」など子どもの主体を認めるような言動が見られた。箱庭にも穏やかで受容的なイメージが作られ，それをセラピストに嬉しそうに表現するという変化が起こっていた。母親の変化に反応して子どもの母親へのかかわり方も変わってくる。そのような手応えを面接室や日常場面で少しずつつかんでいったように思う。終結間際に母親から出た「わからなくてごめんね」という言葉は，来談当初の「お母さんはちっともわかってくれない」という訴えに応えていないようにも見えるが，子どもの主体を認められるようになった言葉であって，知子にとっても母親を感じることのできた言葉ではなかっただろうか。

3）面接の形態について

　思春期や幼児期に比べて，児童期の子どもと家族への支援をどのような面接形態で行うのがよいのかは，かなり難しい問題である。まだ発達的に分離不安が強く母子並行面接が難しいと判断される幼児には母子同席面接，あるいは思春期の子どもや親との関係性の問題で自分の話すことが親に知られたくないという場合には母子並行面接が妥当だと思われるが，その間の児童期の場合にはケースごとにどのような対応が最もふさわしいかについて十分なアセスメントが必要である。

　セラピストや面接室の数に比較的余裕がある大学の相談室などでは，親子の相談ケースは年齢や子どもの問題（情緒的な問題や発達障害）にかかわらず，

慣例的に複数のセラピストによる母子並行面接を導入することが多いようである。複数のセラピストによる母子並行面接の場合には，岡田（2003）にあるように「二人のセラピストのエネルギーが一つの家族に注がれる」ことや「二人がお互いに知見を出し合える」という利点や，秘密を保持しやすいという目的があると思う。しかし，セラピスト間の秘密の厳守と知見を出し合うバランスは難しいようで，事例検討会などでも「親担当者と子ども担当者で行われるのは事実的な情報伝達くらいで，担当者同士もお互いにどんな面接をしているか分からない」というケースも耳にすることがある。そのような場合，筆者としては，それでは親子同時に行われる「並行」面接ではなくて，子どもの想いや母親の想いがいつまでも相手に伝わらず，親子関係がどこまでいっても永遠に交わらない「平行」を助長するような面接になってしまうのではないかと感じてしまう。

　ここで，小俣（2006）は「同一セラピスト親子並行面接」という技法について検討を続けており，図1に示したようなそれぞれの面接形態の有効性と難しさ・工夫について詳細に報告している。クリニック・スクールカウンセラー・大学の心理相談室など環境によってとりやすい面接形態はあるとは思うが，その場の慣例で面接を始めるのではなく，家族の見立てに基づいて，可能な範囲内で，どのような枠組みで面接を行うかを検討することはセラピストの責任の1つとして位置づけたいものである。

　事例では，まず初回に知子が並行面接を拒否したことから，どのような面接形態がこの家族のためになるのかについて考える機会を得ることができたと言える。そこで筆者は，母子間には幼少期から未解決の愛着の問題からくる分離の難しさがあることと，不登校の背景には，「一緒に考えたり，わかってもらうこと」を母親に求めている知子の願いがあるのではないかという見立てから母子同席面接を選択した。まずは知子の内面についてセラピストと母親との三人で共有していくことを重視し，その過程で知子の想いを中心に，これまでの親子の関係性が変化していくことを期待したのである。

　同席面接の利点として，セラピストにとってはお互いの発言への反応など，目の前で展開される親子の関係性や変化について直接観察することが可能である。客観的なアセスメントに加えて「三人で同席しているにもかかわらず，ま

a) 二人のセラピストによる親子並行面接

b) 同一セラピストによる親子並行面接

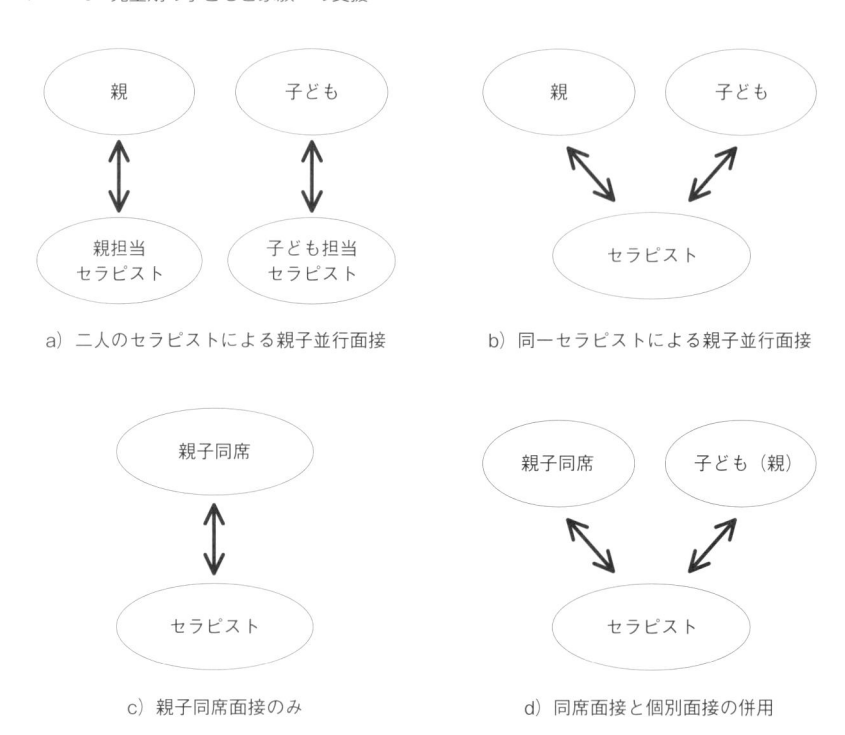

c) 親子同席面接のみ

d) 同席面接と個別面接の併用

図 1　親子面接の実施形態（小俣，2006 をもとに作成）

るで個別面接をしているような感覚」のように，セラピストがかかわった体験からの理解をもとに面接を進めることができるという特徴もある。また，同席面接は児童期でも年齢が低い場合には母親に話を補ってもらえることで安心して話しやすくなることが多く，面接開始時の知子の状況には適していたと思う。

同席面接を始めた頃の親子には直接的なやりとりは見られず「セラピストと話す人」と「箱庭を作る人」というように切れた関係であったが，面接を重ねることで少しずつお互いに思っていることを口にするようになった。次第に知子の主体が回復してくると筆者は母子分離のタイミングを検討していた。思春期が近づくにつれて，同席状況が親に対する内面の表出に抵抗を生じさせることがあるが，知子にもそのような雰囲気を感じ始めたからである。実際は分離のタイミングは知子から「大事な話がある」とされたことで自然と得られた。こ

の時から知子が秘密をもつことができ，母子並行面接ができる状態になったと言えるだろう。さらに，この自然に得られた分離のタイミングは，同席面接でセラピストと母親イメージの共有をしたことによるものだと思う。三人で時間を共有することによって，セラピストとクライエントの間には子どもの立場からの母親イメージの共有（同時に母親の立場からの子どもイメージの共有）が可能になる。セラピストは自分のことを立体的にわかってくれる人という存在になり，セラピスト側も共有体験によって形成された感覚をもとにセラピーのターニングポイントに的確に反応できるようになる。こういったことも同席面接の特徴と言えるだろう。

　知子の希望とセラピストの判断で母子並行面接は，図1でいうところの（d），または（b）と（c）の併用とも言える形態で面接を進めた。知子は親子同席の場も自分と母親のそれぞれがセラピストと話す時間のどれも大切にしているようであった。喧嘩になることもしばしばであったが，後半の同席面接は母親にとっては先述のように母子が真正面から向き合える場所として，また知子には，親が自分のために面接にきてエネルギーを使ってくれていることを感じられる時間として機能していたように思う。

　個別面接は，まず知子にとっては，母から分離した個としてセラピストに受け止められる体験であるとともに，親との関係性を中心にした内面を語り整理する時間でもあった。また，「個別面接での親は自分についてどのように考えていたか」「セラピストから見て親はどのくらい成長したのか」などを聞きたがる，親に対する"秘密の時間"でもあった。一方，母親との個別面接では，同席面接では語れなかったであろう親としての思いを扱ったり，子どもの言動の意味を一緒に考える時間とした。加えて，知子は「私はThと話すと楽になるから，お母さんも思ってることとか話してきて欲しい」と面接を勧めていた。橋本（1994）は，「子どもは母親が癒されない限り自分も癒されない。子どもは母親を癒すために問題を出した」と述べている。知子が母親のことを心から想っていることを意識して，個別の面接は母親を支える場になるように心がけることができた事例である。同席面接と併用したためか，どちらの個別面接も独立したものではなく，「知子の想いのためにそれぞれの面接がある」というつながりを実感できる面接形態だったように思う。

こうして振り返ると，面接の形態は児童期の子どもと家族への支援にとって大きな役割を果たすものだと改めて思う。同席，別室それぞれの形態を活用しなければ，知子も母親もそれぞれの力を十分に発揮することができなかったかもしれない。母子同席面接や同一セラピストによる並行面接の報告はまだそれほど多くはないが，各面接形態の機能を把握し，クライエントの状態や面接経過に合わせて柔軟に対応したいものである。

（4）おわりに

子どものわかってほしいという想いは，たとえ支援者や親がはじめはわからなくても，関心をもち続けていればいろんな形で何度でも教えてくれる。援助者の未熟さにより間違えた時は教えてくれるし，遠回りを待ってくれることも経験してきた。まだまだ筆者は子どもの力に助けてもらう部分が大きいが，親とともに子どものことを考える過程で感じられたことを頼りに，その時最良と思われる支援を積み重ねていきたい。

引用文献
橋本やよい（1994）．母親面接の導き手としての『子ども』　山中康裕・岡田康伸（編）　身体像とこころの癒し　岩崎学術出版社　pp.43-50.
桑原知子（1999）．教室で生かすカウンセリングマインド　日本評論社
岡田康伸（2003）．子どもの問題行動と母子の心理療法　松尾恒子（編）母と子の心理療法　創元社　pp.142-160.
小此木啓吾・片山登和子・滝口俊子・乾　吉祐（1982）．児童・思春期と家族とのかかわり　加藤正明他（編）　講座 家族精神医学3　弘文堂　pp.255-280.
小俣和義（2006）．親子面接のすすめ方　金剛出版

7

スクールカウンセラーによる学校と家庭を通した子ども支援

清瀧裕子

(1) はじめに

　1995年度に文部省が「スクールカウンセラー活用調査研究委託事業」を開始してから，公立小・中・高等学校に臨床心理士などの心理職専門家が入り，教員とともに子どもを支援する動きが始まった。2001年度からは，文部科学省のもと，「スクールカウンセラー活用事業補助」と名称を変え，公立中学校への配置が本格的に制度化された。それから10年がたった今，中学校への全校配置に続き，2011年度には，スクールカウンセラーの小学校配置を12,000校まで広げるための予算が組まれるなど（文部科学省，2011），スクールカウンセラーの配置は増加し，活動の広がりを見せている。さらに地域によっては，より低年齢からの心理的支援が必要と考え，スクールカウンセラーをモデルとし，幼稚園に心理職専門家が入り，キンダーカウンセラーとして園児や保護者，教員を支援する動きなども始まっている。

　また，地域それぞれのかたちで，軽度の発達の遅れや，発達障害，身体障害などを抱える子どもを保育園集団の中でともに保育する支援のために，「特別支援巡回相談員」「巡回指導員」「巡回サポーター」などとして，学識経験者，医師，臨床心理士，言語聴覚士等の外部の専門家が，園児・児童・生徒やその保護者，保育士・教師を支援する動きも広がってきている。

　このような動きが広がってきたのは，子どもたちの集団不適応の問題が大きく，複雑になってきたこと，発達障害など，集団適応へのつまずきを抱える子どもが目立つようになってきたことにより，従来の教師の力だけでは十分な対

応がしにくくなってきたためというのが1つの要因と考えられる。

　幼児期から児童期にかけては，それまで家庭の中で育てられてきた子どもたちが集団生活に入り始める時期であり，対人関係においても同年齢の子どもたちとの関係を築き始める時期である。この時期の子どもは，同年齢から構成される集団生活への適応が課題の1つになるため，適切な自己主張とともに適切な自己抑制が必要となる。しかし，近年では，「小1プロブレム」(新保，2010)，つまり，小学校へ入学したのち一定期間を過ぎても集団行動がとれない，授業中に座っていられない，話を聞かないなどの行動が続き，学級を機能不全にさせる集団不適応問題が指摘されているように，小学校生活への適応は，子どもによっては大きなハードルとなりうる。さらに，もともと感情コントロールの困難や，多動性，衝動性といった集団適応に困難をきたすような特性を抱えた子どもにとっては，そのハードルは高いものとなってしまい，大きな壁にもなりうる。

　さらに，このようなつまずきは，時に母親をはじめとした家族にも心の傷を負わせることになる。心の傷から生じた感情を家族が抱えきれなければ，攻撃的なものとして集団に向ける場合もある。一方で，つまずきを見ないようにと，問題に直面するのを避けるような場合もある。このように傷ついた家族の感情は，心の中にとどめておくことができずに，外へ，多くは「壁」を生じさせた学校へと何らかの反応として向かいやすい。

　一方で，学校では，そういった困難さを抱え，時に集団に混乱を生じさせてしまう子どもを目の当たりにして当惑し，その子どもに対してネガティブな感情を向けやすくなる。さらに，周りの大人がその子を「理解できない」状態にある場合，生じたネガティブな感情は，さまざまな憶測や誤解を生じさせ，不安や怒りにかたちを変え，家庭に向かいやすい。

　このようにして，本来，子どもを育むはずの家庭と学校が，お互いに信頼できなくなり，時には関係を断とうとし，時には攻撃的な感情を向けやすくなってしまう。そうなると，その間にあって育まれるはずの子どもの環境は分裂し，適切な協力体制が築けなくなってしまう。

　そういった困難な状態において，心理臨床の立場からカウンセラーはどのような支援ができるのだろうか。本章では，多動性や衝動性の高さのために，学

校集団の中で困難が生じた事例を基に，スクールカウンセラーの立場からどのような支援ができるのか考えていく。なお，以下に紹介する事例は，筆者の経験した複数の事例をあわせて作成した架空の事例であり，特定の事例を記述したものではないことを断わっておく。

(2) 事例：ケン

　筆者がスクールカウンセラーとして勤務したK市では，1つの中学校区にある小・中学校をそれぞれ月1～2回程度巡回して勤務するかたちをとっていた。ケンの通う小学校での勤務は月1回程度であり，スクールカウンセラーが，児童・保護者からの相談や教職員へのコンサルテーション（助言）などの活動を行っていた。ケンは，教頭からの「2年生のクラスに，対応に困っている男子児童がいる」という相談からかかわり始めた事例である。
　ケンは，小学校1年生の5月頃までは落ち着いていたが，6月を過ぎると多動性や衝動性が目立つようになり，授業中に教室内を歩き回る，時には教室の外へ出ていく，高いところにすぐに上ってしまう，窓から体を乗り出そうとするなど，危険な行動をすることもあった。そのため，担任はケンの様子に注意をいつも払い，時にはケンの行動によって授業が中断することもあった。友だち関係においても，ケンは，周りにいた友だちの物をとってしまったり，突然友だちを叩いたり蹴ったりしてしまうなど，トラブルが絶えなかった。
　2年生に進級後，男性のベテラン教員が担任になったが，ケンは4月早々から多動性や衝動性の高さを見せていた。体も大きくなってきたことから友だちとぶつかってけがを負わせる心配が大きくなり，多動や衝動的行動に関して，さらなる心配がなされることになった。
　ケンは両親との3人家族で，近所に父方祖父母が暮らしていた。父親はケンの教育にはほとんどかかわらず，主に母親が学校との連絡役を担っていた。そのため，小学校も，友だちとの間でトラブルが生じたり，ケンが危険な行動をとったりした際に，母親に報告や連絡を取っていた。しかし，1年生の2学期頃から，「ケンだけが悪いのか。ケンは友だちがやったと言っている」「担任の指導の仕方が悪いのではないか」「学校の指導力のなさが問題ではないか」など

の言葉が母親から出てくるようになった。学校が父親との話し合いを求めても，「ケンの教育は母親に任せているから」と，父親と話をすることはできなかった。

このように打開策がない状態の中，教頭からの相談で，スクールカウンセラーがかかわることとなった。教頭からは，「困った親と困った子ども」という感情がみてとれ，途方にくれている様子がうかがわれた。担任からこれまでの経緯を聞くと，ケンの母親はほとんど行事には参加しないため，学校での行動は家庭へきちんと伝わっていないのではないかと思われること，家庭では母親が厳しく，朝，ケンがひどく叱られて登校してきたり，深夜までかかって宿題を終えたりする日もあること，ケンは家庭ではテレビや気に入ったDVDを見ていることが多く，多動性や衝動性は見られないと母親が語っていることなどが話された。担任からは，「発達障害なのかなとは思っているのですが，よくわからなくて。どうなのでしょうか」「お母さんともちゃんと話ができませんし，どう対応すればいいのか困っていて」と困っている様子が話された。

その後，スクールカウンセラーがケンの教室での様子を観察した。ケンの様子からは，注意の転導が激しいこと，先生の話などの聴覚的な刺激よりも，視野に入った道具など視覚的な刺激に関心を向けがちであり，そのバランスの偏りがかなり大きい可能性が推測されること，一点を注視する傾向があり，視野が狭い可能性があることなどが推測された。ケンにはこれらの認知的な偏りがある可能性を小学校へ伝え，学校内，教室内でできる配慮と指示の出し方などをアドバイスした。ただ，観察だけでは認知的特徴や心理的背景を明らかにするのは不十分であるため，知能検査や心理検査を行ったほうがよいことや，多動性や衝動性に関しては，服薬など医療的支援が有効である可能性も伝え，家庭の協力の必要性を再度伝えた。学校も，ケンの特徴を保護者にも理解してもらったほうが学校の指導も伝えやすいとのことで，保護者と学校との協力体制を作り上げるためにも，母親へのアプローチが必要であることが確認された。

その後，小学校から母親に，「教員がよりケンを理解するために，スクールカウンセラーに普段の様子を話してアドバイスをもらってきてほしい」とのかたちで相談を促してもらったところ，母親から了承を得，母親のスクールカウンセラーへの面談がかなった。面談場所は，小学校以外の場所のほうが母親も話しやすいだろうと，校区内の中学校へ母親が来談するというかたちをとった。

母親は，はじめ警戒した面持ちでスクールカウンセラーのもとへ来談したが，スクールカウンセラーがこれまでの子育てをねぎらいつつゆっくり話を聞いていくと，「幼い頃からよく動き，目が離せなかった」「1歳半健診で言葉の問題を言われたため，個別相談や3歳児健診には行かなかった」と，少しずつ母親が抱えていた心配を語り始めた。そして，スクールカウンセラーから「ケンくんを理解するために」と専門機関での知能検査をすすめると，「行ってみます」と教育相談センターを予約され，ケンを連れて検査を受けてきた。母親が持ってきた教育センターでの検査所見をもとに，スクールカウンセラーが，考えられるケンの日常生活の困難を伝えると，母親は「ケンの行動に当てはまります」と納得することが多かった。ケンの困難さは，育て方が原因というよりは，生まれながらにもっている特徴が大きな影響を及ぼしている可能性が高いのではないかと，スクールカウンセラーが伝え，医療機関への受診をすすめた。母親はすぐに予約を取り，医療機関を受診したところ，ADHDとの診断がなされた。
　母親は，「ケンに障害があるということのショックもありましたが，それよりも，ケンの行動の原因がわかり，腑に落ちた気持ちのほうが大きい」と話し，「ケンのことを夫に相談しても『男の子なんてそんなものだ』『そのうち落ち着くだろう』とばかりで。相談にのってくれなかった」「義母の目が怖くて……。しつけがなっていないと言われていたので，ケンを厳しくしつけていた」「ほかの子のお母さんにも謝ってばかりとなってしまって。周りの人にはなかなか相談できなかった」と，徐々に母親が抱える子育ての悩みも語られるようになった。スクールカウンセラーは，「学校と家庭とで協力したほうがケンの成長にとってはよい」と伝え，学校へケンの検査結果や診断結果を伝えるようすすめた。母親は「私も小学校へ所見書を持っていこうとは思う。でも，きちんと説明できるかどうか不安。スクールカウンセラーからも伝えてもらえないか」とのことだった。スクールカウンセラーからも小学校へ伝えたところ，担任や教頭は「あのお母さんがそんなことをおっしゃっていましたか」と驚きとともに，「お母さんも大変だったんですね」「ゆっくりお母さんと話をしてみます」と受け入れられ，両者の関係改善の兆しがうかがえた。
　その後しばらく母親のスクールカウンセラーへの相談は継続した。日常のケンの行動に対する理解や対応の仕方についての話に加え，実母との葛藤や，夫

や姑に対する不満など，母親の抱える思いも語られるようになり，自分自身や家族と向き合い始めているようだった。小学校には，ケンの様子を聞きながら，必要に応じてコンサルテーションを行った。担任とスクールカウンセラーとが試行錯誤しながら学校場面でのケンの理解や対応を進めていくなか，次第に，「ケンは，薬の効き目がなくなりはじめると不安定にはなるが，授業中も落ち着いて話を聞くようになってきた」「友だちとのトラブルも減り，関係が良好になってきた」「母親が，家でのケンの様子を担任へ話してくれるようになった」との報告を受けるようになった。これらから見て，家庭と学校の理解と方向性が一致し，お互いに信頼を取り戻し始め，ケンにとっても良い方向へと進んでいるようであった。

　ケンの場合，母親はきちんとしつけよう，何とか勉強させようと熱心であった。しかし，それは，ケンの特徴に対する適切な理解がなされないまま行われており，効果的とは言えなかった。さらに母親には，相談したり助けてもらったりできる人間関係がないなかで孤立し，学校からケンのトラブルの報告が多くなるなかで，次第に学校へ不信感を抱き，攻撃的になってしまった。
　一方で，学校もケンをうまく理解できず，指導や対応に困難を抱えるなか，本来であればケンをともに理解し，協力体制を築くべき保護者（母親）から，不信感や攻撃的な言葉を向けられ，それらが，ケンへの対応の疲れや戸惑い，無力感と反応し，保護者への不信感へとつながっていった。ケンの成長をともに願う両者であるはずであるのに，協力体制をとれないまま時間が過ぎてしまっていた。
　このような流れのなか，スクールカウンセラーがかかわることになった。小学校では，教員のなかでケンのもつ困難さは発達障害などの何らかの困難さを抱えているためではないかと推測はされていたものの，理解に対する自信不足も伴い，効果的な支援にはつながってはいなかった。スクールカウンセラーが，教師とは異なる専門性をもって，その可能性を示唆し，母親の協力のもと，専門機関への道筋を作れたことで，教員のケンへの指導や対応への後押しができた。
　母親についても，スクールカウンセラーが小学校とは距離を置いた場の設定

を行ったことも影響し，相談が実現した。そして，日々ケンに直接かかわり評価する教員ではなく，小学校から一定の距離をもった立場であったこと，専門的立場からケンを理解し，ケンへの教育や支援に役立てようという方向性をもって面談を設定したことによって，母親はケンの心配なこと，自分の不安などを率直に語れたと考えられる。

　これらを考えると，この事例においては，直接スクールカウンセラーからケンへアプローチしたわけではないが，家庭と小学校という2つの場へアプローチし，さらにその2つの場を橋渡ししたことによって，結果的にケンの成長を促す環境を整える支援ができたと言える。当事者では，お互いに近すぎるため，見えなくなることがある。それらを一歩引いたところから眺め，つまずきの個所を見つけ出し，調整するはたらきかけをしながら両者を支え続けたことが，スクールカウンセラーが果たした役割であったと考えられる。

(3) スクールカウンセラーとして学校集団とかかわる視点

　本事例において，スクールカウンセラーは，対象となる児童に直接的にははたらきかけず，児童を取り巻く環境にはたらきかけることによって支援を行った。学校に配置されるスクールカウンセラーは，ケンの事例のように，児童・生徒へのカウンセリングだけではなく，保護者のカウンセリングや教職員への助言・コンサルテーションも行う。子どもを取り巻く環境にある家庭や学校にはたらきかけることによって，間接的に子どもを支援することも可能となる。

　ここでは，スクールカウンセラーという立場から，カウンセラーが，児童生徒の問題を抱える学校や保護者に対してかかわる視点について，考えてみたい。

1) 学校と家庭における子ども理解の視点の違いを認識し，対応に生かす

　一人の子どもを捉える際，学校という場で捉える視点と，家庭という場で捉える視点とは，それぞれ異なる。若島（2010）によると，一人の児童・生徒や保護者を捉える際，児童・生徒やその保護者は only one の視点で捉えるのに対し，学校側から見ると one of them の視点で捉えがちであるという。学校は，クラスなどの子ども集団を動かし，そのなかで子どもたちの相互作用を促

す場でもある．伝統に子どもを数十人のなかの一人という見方，つまり one of them で見る傾向があり，その視点を基にして教育を行ってきた．このような役割を学校がもつのに対し，家庭は子ども一人一人を個として育む役割をもつ．この違いに加え，若島は，子どもや保護者の only one の捉え方の背景に，少子化社会，また個人志向の社会の影響があることも指摘している．こういった社会の流れは学校教育にも影響を及ぼし，子どもの個性を生かすことが重視され，only one の視点も必要とされてきている．また，家庭からも「わが子へ」と要望されることも増えてきている．それらがお互いに，とくに学校において理解が不足したままであれば，子ども理解の差，対応の差につながり，時には差が深い溝になりかねない．

　では，家庭においては，only one の視点で子どもを見ているため子どもを十分に理解できる，と言えるだろうか．確かに，子どもが幼いころから接しており，かかわる時間も長く，そこから見えてくる子どもに対し一定の理解がなされているだろう．しかし，園や小学校へ入り，集団生活場面が増えると，家庭からは集団場面での子どもの姿が見えにくくなり，そこからの理解が少なくなる．さらに近年では，少子化によって，家庭でも周囲にも子どもの数が減り，一般の保護者には，子どもの行動に対する「普通」という感覚を養う機会が少なくなってきた．そのため，他の子との比較におけるわが子理解が難しくなっている．一方，学校は，同年齢の子どもたちを多数見てきている．その子どもがどのような特性をもつのか，どのような行動が「問題」であるのか，one of them の視点があるからこそ，その差異に気づくことができる．

　加えて，家庭では，親は子どもにさまざまな願望を映し出す．家族関係，原家族との関係，対人関係などの葛藤を家庭が抱えていれば，葛藤に彩られた関係性の中，葛藤に彩られた視点で子どもを見る．このようななかでは，子どもをそのままに理解することは難しい．子どもが多様なかたちで表現する内的な世界も，SOS のサインも，誤解しがち，見逃してしまいがちとなることもある．

　このように学校と家庭両者は視点が異なる．しかし，どちらも子どもの一側面を捉え，理解していることには違いはない．お互いがうまく連携し，相手の理解を取り入れることができれば，相補的に働き，子ども理解が促進される．ところが，両者の間に溝が生じてしまうと，子ども理解が不十分なままの対応

となってしまう。とくに，その子どもに，周りが理解しづらい特性や心の問題を抱えていた場合，大きな影響を与えてしまうことになりかねない。カウンセラーが，家庭と学校どちらにもアプローチを行う場合でも，片方に重点をおいてかかわる場合でも，こういった両者の視点の違いを認識し，時には視点の異なる両者の橋渡しとなるようなアプローチが必要だろう。

2）困難さを抱える子どもをもつ家族の傷つきへの理解

　わが子が健康に育ってほしいというのは，どの親ももつ願いである。しかし，それが「障害」を抱えるとわかったとき，親がもつ子どもイメージは傷つけられる。とくに日本においては，子育てを母親が担う傾向が強く，「子育ては母親の責任」という考え方が，社会，家庭，そして母親の中にも多かれ少なかれ存在する。そのため，母親が「障害なく産んであげられなかった」「自分の育て方が悪かったのではないか」との傷つきや罪悪感に陥りやすい。一方で，父親や祖父母などは，時に家族が負った傷つきをそのまま受け入れることができずに，「母親がすべて子育てを担っているから」と伝統的性役割観を過度に取り込んで，傷つきや課題から目をそらせようとすることがある。これらは，「うちの子は『普通』だ」「大きくなれば治る」「たいしたことではない」「母親の育て方のせいだ」という理解不足につながることもあり，それが子どもに対する適切な支援や教育へと導く時に妨害や回り道となりうる。そのような家族に囲まれ，ただでさえ傷つき，罪悪感にさいなまれる立場にある母親は，さらに傷つきや罪悪感を抱えることとなる。そのような構造のなかで，母親は，多重に負った傷つきや罪悪感から，時には子どもの抱える困難さに向き合えず，向き合わなければいけない状況を回避したり，受け止めきれない感情を他にぶつけたりすることもある。

　学校は，そのような母親，保護者，家族が抱える傷つきを，率直に打ち明けられれば理解もしやすくなるだろうし，理解が進めば，子どもや家庭のさまざまな反応も受け入れやすくなるだろう。しかし，学校に対して不信感が強かったり，コミュニケーションがうまく取れていなかったりすると，保護者の心の動きまでは理解することは困難になりやすい。さらには，学校での集団生活内で，さまざまなトラブルを起こす子どもの動きに，学校側も困惑や無力感を感

じてしまい，「子どもはまず家庭が育てるもの」「家庭が非協力的であれば，学校は何もできない」と家庭へ原因を過度に帰属してしまい（池島, 2007），対応に遅れが出ることになりかねない。そのためには，まずスクールカウンセラーが，学校に生じている疲労感，困惑，無力感などを受け止め，伝わりやすいかたちで伝え返すことによって，学校や教員が巻き込まれている感情を認識でき，感情から少し距離が取れるかもしれない。さらには感情を引き起こしているさまざまな要因や背景を示すことによって，教員が抱える否定的な感情を減少させ，感情から距離をとれるよう支援することもできるかもしれない。そのうえで，保護者や子どもの心の背景を伝え，理解を促し，対応をともに考える手助けができるのではないだろうか。

　一方，家族に生じた「傷」は，簡単に向き合えたり，癒せたり，受け入れたりできるものではない。しかしそうであっても，スクールカウンセラーは，まずはスクールカウンセラーなりに理解し，そっと寄り添おうとする態度は示すことができるだろう。さらに可能であれば，できる範囲での理解を示しながら，少しずつ家族が「傷」やそこから生じる気持ちに向き合えるような支援ができるかもしれない。

　このような，両者の間に生じる誤解，理解の不足，コミュニケーション不足といった溝を橋渡しするようなかたちで支援する役割，そして家族，学校それぞれが抱えた傷つきなどの気持ちの問題や感情のもつれを，第三者という立場にあるカウンセラーが介入し，支援できると考えられる。

3）子どもからのメッセージの翻訳

　子どもの心のありようは，周囲にわかりやすいメッセージで伝えられるものばかりではない。心の問題や困難さを抱えた子どもほど，そのメッセージは行動や症状など，複雑なかたちに変換されて表現される。発達障害などの，その子独自の認知特性をもった子どもの場合も同様である。表に現れる子どもの行動は，たとえば，教師や大人の言うことを聞かずに自己中心的に振る舞うという問題行動に見えても，実は聴覚刺激に対する反応の弱さや聴覚刺激の記憶の弱さ，感情のコントロール困難といった，その子独自の認知特性や抱える心理的問題から来るものであったりする。しかし，これらの困難さは，誰でも経験

するものではないため，一般の理解で行動のみを見ているだけでは，その子どもの心の動きまで理解することは困難である．人は，理解しがたいものに対しては，不安，恐怖，怒りなど，ネガティブな感情を抱きやすくなる．そのため，子どもの行動の裏にある心の動きがわからなければ，「わがまま」「自己中」「わざと周りを困らせている」などと誤解を生み，子どもの理解から遠ざかり，子どもに対してネガティブな関係しか築けなくなってしまうものである．

　これに対して，その行動に至った気持ちの動き，認知の特徴などを，客観的に理解し，把握することができれば，誤解から生じるネガティブな感情は軽減される可能性は高い．医師，特別支援学校・学級の教員，言語聴覚士，そして臨床心理士等の専門家は，それぞれの専門性を背景にして，発達障害や子どもの心の問題などの理解，支援する方法を提案できる．こういった支援を通じて，その子どもを理解し，日常場面において支援することができる家庭や学校などの支援網を作り上げること，これらも専門家であるスクールカウンセラーの重要な役割と言えるだろう．

4）第三者の立場を生かし，学校，家庭，子どもを支援する

　スクールカウンセラーとして学校組織に入って活動する場合，スクールカウンセラーの役割は，個人面接などの個人へのアプローチだけではなく，集団への支援も必要とされる．個人面接では，面接初期に立てられ，面接を継続しながら検討されていくクライエントの抱える問題に対する見立てと面接方針が重要であることは言うまでもない．同様のことが，集団に対しても言える．問題を抱えるクライエントが「集団」となる．その集団には，それぞれ抱える弱さや問題もあり，また強みもある．集団にアプローチする際には，個人面接の場合同様，集団の特性を見立てる必要がある．さらに，集団は，一人一人の人間から構成されている．集団の特性は，それぞれの人間の特性，関係性，立場等から生じてくるものである．そのため，集団がどのように機能するかは，集団を構成する一人一人の特性や集団内での力動をアセスメントし，その集団にアプローチしている心理士と，集団との関係性，集団を構成する集団メンバーとの関係性を見極めながら，アプローチする方針を立てるべきであろう．

　そして，集団だからこそ，一人一人の動きが，感情，関係性，状況などのさ

まざまな要因に妨げられて、うまく機能しないことがある。その場合、当事者は関係性に巻き込まれ、何につまずいているのか、場の動きがどうなっているのか、近すぎて見えないことがある。それらに、やや距離を置いて集団の動きが見える立場からスクールカウンセラーが見立て、かかわることができると考えられる。

　また、集団を支援するなかでは"第三者"であること、つまり外部性を保持していることの意味も大きい。その集団と日常のなかでのつながりが薄いことは、感情的に巻き込まれることが少なくなるだけではなく、起こっている問題に対する利害も乏しいため、集団内に何らかの葛藤が生じた際には客観的な立場からのアプローチが可能になる。また、"第三者"という安心感、信頼感が、支援に役立つこともある。

　困難さをもつ子どもを抱える家族や学校は、日常で接するからこそ子どもにとって影響力が大きく、また、はたらきかけによって子どもの成長に大きく貢献するものである。しかし、一方で、日常で接するからこそ、生じた問題と距離が取りにくくなる難しさ、子ども自身や子どもとの関係性が客観的に見えにくくなる難しさ、自分の感情、集団の中に生じる感情、関係性の中に生じる感情に巻き込まれてしまう難しさなどが生じやすい。それを、第三者的立場にあるものが、言葉にして伝えたり、お互いの立場や気持ち、価値観を翻訳したり、方向性を示したり、動きをそっと後押ししたりすると、もともとある個人や集団の力がスムーズに動き始め、子どもの成長に程よく作用する力を発揮することがある。そのような第三者としてのスクールカウンセラーの役割は、かかわる時間は限られながらも、必要なものではないだろうか。

(4) おわりに

　学校集団の中にあるカウンセラーは、個人を尊重する視点、つまり人間が個性をもち一人一人異なることを前提とし、個人の主観、つまり「個人にとっての真実」を尊重する視点でアプローチする（河合，1999）。もちろんこの視点は、支援の対象となる児童・生徒へ向けられるだけではなく、保護者、教職員一人一人へも向けられる。さらには、家族全体、学校全体へも向けられる。そのよ

うな新たな視点にたって，それぞれを支援していくこと，それが心理臨床的支援が学校において求められる重要な役割の1つであろう。

引用文献

池島徳大（2007）．生徒指導と学校カウンセリング　相馬誠一（編）　学校カウンセリングの理論と実践　ナカニシヤ出版　pp.13-24.

河合隼雄（1999）．学校における心理臨床　小川捷之・村山正治（編）　学校の臨床　金子書房　pp.2-10.

文部科学省（2011）．平成23年度予算http://www.mext.go.jp/component/a_menu/education/detail/_icsFiles/afieldfile/2011/09/12/1304431_01.pdf （情報取得日：2011年11月20日）

新保真紀子（2010）．小1プロブレムの予防とスタートカリキュラム　明治図書出版

若島孔文（2010）．非協力的な親との関係づくり―コミュニケーション論の視点　臨床心理学, **10**（4），519-524.

8

青年期の学生相談から考える
―心理臨床の基盤的態度―

加藤容子

(1) はじめに

　筆者はMRグループに2000年から2004年までの5年間参加した。この期間は大学院に在籍して心理臨床の初期訓練を受けていた時期であったため，MRグループでの活動もその後の心理臨床の基礎をつくる体験であったと思う。当時のMRグループではほとんど寝たきりの障害重い子どもたちと会い，彼らのからだとこころを抱え，その抱えた感触や彼らの表情から，また彼らの時には大きく時にはかすかな声の様子から，声にならない彼らの内なる言葉を聴こうとしていた。

　その後の心理臨床では主に個別の心理面接を行っており，とくに精神分析的心理療法，心理力動的なアプローチを学んでいる。そこでは，面接の回数や時間，場所を明瞭に一定にするというように面接場面を構造化し，セラピストは基本的に中立性を保って，クライエントの言葉や非言語的な態度・様子から彼らの不安，欲求，葛藤を理解し，それを受けとめて伝え返すことを通して，面接過程を進めるものとされている。このような治療技法においては，MRグループで体験したような，緩やかな構造のなかで物理的にからだを抱えるということは行われない。しかしそこでもMRグループでの体験からの学びは生きており，とくに"人と人が出会うという実感をもつこと"と"人（クライエント）のもつ力を信じること"が臨床の場で機能していると言える。

　そこで本章では，MRグループという臨床体験での学びが，他の個別面接での実践に影響をもたらしているこれらの感覚・態度について，事例をあげて検

討したい。なお，MRグループ以降の筆者の心理臨床経験は，青年期から成人期初期を対象とした機会が多く，その中でも大学における学生相談や学生支援は中心的な臨床の場の1つであった。したがって，"人と人が出会うという実感をもつこと"について，これが機能する臨床の場としての学生相談と学生支援の特徴をまとめたうえで，関連する臨床事例を提示してこの実感の意義について検討したい。さらにその基盤となったMRグループ体験での学びについて述べてみたい。同様に"人のもつ力を信じること"については，青年期の特徴についてまとめたうえで臨床事例を提示し，さらにそこで生きてくるMRグループ体験での学びについて述べる。

(2) 人と人が出会うという実感をもつこと

1) 学生相談とは

　学生相談とは，臨床心理士や大学カウンセラーなどの専門家が，大学において学生の心理的健康および成長をはかることを目的とした心理臨床活動である。個別相談をはじめ，グループ活動やコンサルテーションが含まれる。また学生支援とは，大学に所属する教職員が学生を指導・対応する教育活動の中で，学生の成長を促進するものである。

　この学生相談と学生支援の関連については，日本学生支援機構（2007）によってまとめられており，相互の連携・協働が重要であると指摘されている。そこでは大学全体の学生支援には3階層あり，第1層の日常的学生支援（学生の心理的成長を促す効果をもつ，教職員による教育・対応），第2層の制度化された学生支援（クラス担任などの役割・機能を担った教職員による支援），第3層の専門的学生支援（学生相談機関，キャリアセンター，保健管理センターなどによる専門的な支援）という構造があると整理されている。ここから，学生相談は独立した心理相談機関が大学の中に存在しているという考え方ではなく，大学全体による教育・支援と関連する機関として位置づけられると言える。

　同様のことは，学生相談の活動モデルにおいても提言されている。これまで学生相談は治療的役割を担うものとするクリニックモデルと，成長・発達を促進するという教育モデルという2つのモデルを用いて説明されることが多かっ

た。近年は，それらを含みこんだ複合的な機能をもつとする考え方が展開されてきている。たとえば齋藤（1999）は，学生相談とは，厚生補導モデル（厚生補導担当の事務職員などが学生の正課外活動を支援するもの），大学教育モデル（教員が学生の心理的成長を促進するための講義・教育を行うもの），心理臨床モデル（臨床心理士などのカウンセラーが不適応状態に陥った学生の心理療法を行うもの）といった3種の活動モデルの重なり合う中心に立つものであると述べている。したがって，個別の心理療法を超えた大学全体の教育・支援を視野に入れる必要が，ここでも指摘されていると言えよう。

2) 学生相談における心理的支援の特徴

このような学生相談において行われる個別面接の，他の臨床場面での面接と異なる特徴は何だろうか。

そのうちの1つは，面接の対象となる者はクライエントであると同時に学生でもあるということである。通常，クライエントとセラピストが出会う場では，非日常の関係が発生する。非日常の関係だからこそ，クライエントはふだん人には話せないことを話し，それをセラピストが受け止めることを通して自己理解を深めていく。また，クライエントがセラピストに対してもつ期待や不安が顕著にあらわれることで，転移[1]が起こり，それが面接過程を前へ進めるものとなる。しかし学生相談の場合は，クライエントは学生，セラピストは教職員でもあり，同じ大学の構成員として日常の場を共有している者同士である。このようにセラピストとクライエントが面接関係以外の関係も同時にもつことは多重関係と呼ばれて，心理面接過程を阻害するものと指摘されている。関係を多重的にもつことによって，面接場面での転移が乱されるなど治療構造が崩れ，これが面接の進行を滞らせたり危機に陥らせたりするという問題である。学生相談においてはこの問題を避けるために，たとえばその学生と日常的にかかわる教員と個別面接を行うセラピストは，別々の人が担当するなどの工夫がはかられる。それでもなお，セラピストは目の前のクライエントを大学コミュニテ

---

[1] 精神分析用語で過去に親などの重要な人物に向けていたものと同じ感情や態度を相手に向けることを言う。

ィの中の構成員として意識し，対応することが必要な局面は多い。

とくに構造化された面接のなかのみでクライエントの問題を扱うことができない状況においては，面接の外で起こることにも大学の構成員の一員として，実質的にかかわることが必要となる。そのためセラピストには，臨床の場と日常的な場の二重性を意識する視点が必要であり，その両立困難な２つの場を支えるものとして，臨床の構造や形式を超えてそれらの共通基盤をなすような，"人と人とが出会うという実感をもつこと"が機能するのではないかと考えられる。

3）臨床事例での検討

ここでは，"人と人が出会うという実感をもつこと"という臨床的態度について，学生相談事例を用いて検討したい。とくに，学生相談で起こる命の危機は，先に述べた学生相談の二重性の中での支援として最も困難な状況の１つであるため，その事例を取り上げる。なおここであげる事例は，筆者がある大学で学生相談カウンセラーとして体験した複数の事例をもとに，創作された架空のものである。

学生の中にはその心的世界の不確実さから，ときに自殺企図や自傷行為を起こす者がいる。学生Ａは，学業上でうまくいかなかったり対人関係で葛藤が起こったりすると，それに大きく揺さぶられて自分の存在を非常に希薄なものに感じ，それを確かめるために手首を傷つけることを繰り返していた。Ａのこの行為は，痛みによって自身の存在感を確認し，また傷によって他者からの心配と配慮を獲得するという意味をもっていたものと考えられた。そこでそのような思いを整理することを目的とし，自傷行為自体は行わないことを約束して継続的な面接を開始することとした。しかし，それまで常習的に自傷行為を行っていたＡは，あるとき大学キャンパス内で自殺・自傷の衝動に襲われ，面接外の時間に電話でそのことを筆者に伝えた。このとき筆者は，面接関係のなかで起こっていたセラピストを心配させたいという思いの行動化であると理解する一方で，大学に所属する職員の一員として，その行為を止める必要性に迫られた。具体的には，行動化を制限し面接に来るように伝えるという対応をとったが，このときの筆者の態度として強かったものは，Ａを心配しかかわってい

る存在としてAの前に居続けることであった．また，死や傷をもって筆者に自身の存在を訴えているAを前にして，ひるむわけにはいかない，しっかりと対峙しなければいけないと足を踏ん張る思いであった．そして，そのような実体ある存在としてかかわることによって，Aが「手ごたえのあるつながりが，今ここにある」という実感がもてるよう望む気持ちだった．筆者のそのような思いはおそらく，電話越しの息遣いや言葉の調子によって，いくらかはAに伝わったと思われ，Aは最後には「大丈夫」と落ち着いた様子になった．その後，現実的にAを支える対応として，精神科医による介入につなげると同時に，臨時の面接を提案した．次の面接の中でこのことを取り上げると，Aは「あの時はもうどうなってもいいと思った．でも電話してみて，先生の声を聞いて，あ，次もここ（面接室）に先生に会いに来なければと思った．そうしたら死にたい気持ちが収まった」と語った．その後の面接の中で，Aは自らを傷つけたい衝動を引き起こす不安を言葉にするようになっていき，自傷行為はおさまっていった．

　自殺企図や自傷行為の対応には，セラピストが一貫した態度であること，明確な制限をすることが必要であることは，先行知見にくわしい．本事例をとおしてここで強調したいことは，そのような対応の基盤として，クライエントが痛みをともなって命の問題を差し出している重みに対して，セラピストが覚悟をもって向き合う姿勢を示すことが重要ではないだろうかということである．

4）基盤となるMRグループ体験

　学生相談の多重的な構造の中で生じる危機的な事態に対応する際には，理論や技法に加えて，人と人が出会うことへの確かな実感をともなった臨床的態度が重要ではないかと指摘された．次には，このような臨床的態度の形成の基盤をなすと思われるMRグループでの体験例をあげたい．

　筆者がMRグループで担当したある子どもXは，からだの筋肉の緊張をコントロールすることが難しく，たびたび不随意にからだ全体をピンと強くつっぱるように緊張させていた．はじめ筆者はからだをつっぱらせているXを抱きかかえることが難しく感じ，困惑していた．しかしそのうち，抱えていた両手をわずかに広げて，Xのからだを包むスペースをもうひとつ広げるようなイ

メージで抱え直すことを試みた。そうするとXのからだは緩み，それに呼応してXを抱える筆者のからだもやわらかくなることがわかった。このようにして，Xと筆者は楽な姿勢で共にいることができた。

　また，筆者が自分のペースでいるとき，あるいは周りの人の言葉やしぐさにとらわれているときにも，Xはよくからだを緊張させた。それは，Xが自分の存在はここにあるんだということを筆者に気づかせようとするようであった。そんなとき筆者は外に向けていた視線を腕のなかのXに戻し，目を合わせ声の調子を合わせて，Xをそのからだの流れのままに抱えようとした。するとXはにやっと笑ったような顔になり，満足そうになったものだった。

　このように，Xを抱えながら，Xとどうかかわるかということを，からだとこころの両方で探り，実感し，確かめるような交流を繰り返していた。そこでは，生身のからだで相手と対峙するという生々しさがあった。そのようにして，命の重みを受け止めるという感覚は知らずしらずのうちに筆者のうちに根付いていき，これが学生Aの命の危機に接した際に発動されたものと考えられる。

(3) 人のもつ力を信じること

1) 青年期とは

　青年期とは児童期から成人期への移行期間であり，青年は大人と子どもの境界人でもあると捉えられている。大人の保護のもとに平穏な生活を過ごしていた子どもの時期を過ぎ，周りの大人とは異なる自分自身の欲求や考えが芽生えていることを自覚し，自分らしさ，すなわちアイデンティティ（自我同一性）を獲得しようとする時期であると言われている。アイデンティティとは時間的連続性の中で自分は自分であるという感覚をもつことであり，それと他者から見た自分が一致するという感覚や，社会的現実の中で定義された自分に発達しつつあるという感覚が含まれる（谷，2008）。そしてこのアイデンティティの達成は，モラトリアムや葛藤を乗り越えて獲得されていくものとされている。

　青年期に心理臨床の場で出会う学生たちは，このアイデンティティ獲得の課題に直面している場合が多く，自分を見失ったり自信をなくしたりといった，

ゆらぎと不安定さをあらわすことが多い。場合によっては自分の存在そのものへの不確かさを呈することもあり，このようなときには先ほどの学生Aのように命にかかわる危機を体験する場合もある。

しかしその一方で，アイデンティティを獲得していく力には勢いがあり，春に若葉が芽を伸ばしていくような生命力を感じさせる様子も見られる。ときには，セラピストがその面接過程では十分に問題を扱っていないと思っている場合にも，学生が相談するという体験をきっかけにして，自分自身の力で問題を乗り越える姿に出会うこともある。

2）青年期の心理的支援の特徴

このように，自分とは何者かという課題に直面しこれを乗り越えようとしている学生を支援する際には，その内的探索に付き合うという支援がひとつの有効なものとしてあげられる。青年期には自らの内側に起こっている感情についてある程度言語化することができるようになっているため，"内界探索的な心理面接"が適用しやすいとも言えるだろう。

その一方で，"発達支援的なかかわり"もまた必要になってくると考えられる。人格の形成において中核をなすアイデンティティを獲得すべく日々発達している青年期においては，セラピストによる特段の介入がなくとも，面接場面を設定してクライエントとセラピストが出会うこと自体がクライエントのもっている力を効果的に促進し，クライエントが回復・発達することが見られる。この作用についてもまた，セラピストは自覚的にまたは肯定的に捉える視点が必要になるだろう。すなわち，"人のもつ力を信じること"が重要であると言える。

3）臨床事例での検討

以上に見てきたような，セラピストの予測を超えてクライエントがぐんと成長していく様子に立ち会うなかで，"人のもつ力を信じること"が重要とされた事例を次にあげたい。

学生Bは，大学入学直後に学生生活になじめないという焦りを訴えて来談した。大学に入学し，新しい環境で適応を果たしていくのは，Bに限らず多くの学生にとって乗り越えるべき課題である。Bの場合は，希望していた学部の

受験に失敗した末の不本意入学であったため，失望感とそれを補おうとするような意欲が強かった。しかし周りの学生は，自由に学生生活を楽しんでいたり，大学での勉強にそれほど意欲的ではないように見えて，そのことへの侮蔑的な憤りももっていた。そのようなBの激しい感情は，これまでの親子関係に由来する，いつも頑張って成功しなければならないという思いから起こるもののようだった。したがって面接では，親からの期待に応えなければという思いと親の思いとは異なる自分自身の欲求との間の葛藤に取り組むことが目的とされ，筆者は比較的長期間の面接が必要になると予測した。

しかし，初期の面接によって自身の気持ちを確認し，その後生活の中で授業への手ごたえや友人関係づくりができてくると，急速にBの不安や焦りは収束し，日常生活への適応を果たしていった。それと並行して，親子関係での葛藤も背景に退き，面接の終了が申し出られた。筆者は本質的な問題が残されていることが気になってはいたが，大学キャンパス全体のなかでBを見守ろうと思って，面接の終了に応じた。その後Bは大学生活になじんでいったようであった

このような早い問題の消失は，面接初期の良好な転移関係のなかで起こる表面的な改善だという指摘があり，たしかに一面ではそのとおりと言える。しかし，発達し続ける存在としての青年が，直面した問題を確かに乗り越えて命を紡いだという変化として見ることもまた，重要な一面であると指摘できるだろう。

4) 基盤となるMRグループ体験

青年期の心理臨床の現場では，必ずしも心理的な葛藤に取り組むことだけではなく，クライエントとセラピストが出会うという場をもつことで，クライエントの健康な力が刺激され急速にのびていくため，セラピストはそれを阻むことなく見守ることが重要であろうと考えられた。それは，クライエントのもつ力を信じるという態度でもあると言える。

そのような態度の基盤となったMRグループでの体験は，障害重い子どもたちのわずかな，しかし確かな成長や変化を実感するということであった。筆者が初期に担当した子どもYと出会ったときには，寝たきりで言葉を話さない

Yを抱いて，どのようにYの存在やこころを理解しかかわったらよいのか戸惑い，それについてのイメージをほとんどもつことができなかった。しかしYの母親が教えてくれた，「Yが笑うフレーズは○○なんですよ」というものが，1つの取っ掛かりになった。母親がそのフレーズを言う抑揚やリズムを真似て，同じようにYに話してみると，確かにYがニカッと笑った。Yを理解するイメージが部分的に明確になった体験であった。その後，その取っ掛かりを中心にYとかかわっているなかで，「お笑い好きで，ツボにはまるととびっきりの笑顔になるYくん」というYのイメージは筆者の中に定着していき，また母親や他の療育者のもつイメージと重なり共有されていった。そして，筆者のみならず他の療育者や父母によるYへの働きかけが，相乗的に促進させられていった。

やがて，Yが笑うフレーズの種類が増えていった。それは，Y自身にとっても，世界と関わるチャンネルを少しずつ増やしていく様子に見えた。家族やグループとの相互交流の中で，Yは世界と関わるチャンネルを広げていき，確かな命の営みを行っていた。

このように，重い障害をもった子どもを抱いて，彼らの命の育みによる変化を感じたという体験は，その後の心理臨床において，クライエントの力を肯定的に捉え，信じるという臨床態度に通じるものになっていると思われる。

(4) おわりに

以上のように，心理臨床において，理論や技法を超えて重要となる心理的基盤について，"人と人が出会うという実感をもつこと"と"人のもつ力を信じること"の2つをあげ，それらを学生相談，青年期の心理的面接の事例を用いて，MRグループでの体験との関連の中で検討を試みた。

このような心理臨床の基盤となる感覚や態度は，すべてのセラピストにおいて形成されていくものと想定される。しかし，それは内言や仲間との語らいで表現されるにとどまることが多く，明示され検討されることは少ない。本稿ではその一例を示したことになるだろう。

最後に，そのような感覚や態度を醸成するための要件と考えられたものを記したい。

　まず，メンバーとして参加した子どもたち，家族を含めた集団の場が，経常的に設定されたということである。いつものメンバーが集まって，毎週同じ曜日・時間にMRグループの療育活動が行われるということ，毎年同じような時期に季節の行事が行われるということが，これらの体験を支える器として機能したものと考えられる。

　次に，心理臨床の現場で起こった疑問や不安を，そのまま受けとめてくれる先輩や仲間の存在があげられる。弱みや不得手も含めてありのままの姿を認めてもらうという体験は，そのまま心理臨床のセラピスト・クライエント関係にも通じるものであろう。

　最後に，明確な信念と柔軟な態度をもつリーダーの存在をあげたい。MRグループにおいては，後藤秀爾先生とその先人であった故村上英治先生であった。リーダーとして，常に一貫した態度で存在し続けてくださった先生方に抱えられることによって，自由な学びが促されたものと思われる。

　改めて，人と人のつながりの中で心理臨床の基盤を成す態度が形成されることを示しつつ，これらの方々に感謝して今後の心理臨床に励みたい。

引用文献
日本学生支援機構（2007）．大学における学生相談体制の充実方策について
齋藤憲司（1999）．学生相談の専門性を定置する視点―理念研究の概観と4つの大学における経験から―　学生相談研究, **20**, 1-22.
谷　冬彦（2008）．自我同一性の人格発達心理学　ナカニシヤ出版

9

保育の場での研修における学生の成長

茂木七香

(1) はじめに

　筆者がMRグループに初めて参加したのは，今をさかのぼること20年余り前，大学3年生の春だった。それから数年間スタッフとして参加し，毎週の療育や終了後のスタッフミーティング，運動会や海水浴などの行事を通じて本当に多くのことを学んだ。その後，いくつかの教育・臨床現場を経験したが，MRグループで得たことは，あらゆる場面に共通して生かすことができるものであった。本章では，MRグループでの経験を改めて振り返り，筆者が保育者養成校の心理学教員としてかかわった学生たちの姿をそこに重ね合わせながら，幼児教育を学ぶ学生が保育実践の場で成長する様子を紹介する。

(2) MRグループでの経験

1) 初めての療育日

　その日筆者は，初めて出会う子どもたち，先輩たちから聞いていたYくんやSちゃんの姿を思い描きながら，プレイルームへと向かった。筆者の担当児はYくんだと聞いている。どんな子なのだろう。ほどなく，子どもを抱っこしたお母さんがやってきた。
　「お，Yくん，今日はご機嫌がいいなあ。」
　「今日はYくんの大好きなぶらんこをやるよ。」
　先輩たちの声の先を見やるが，筆者の目に映るその子は，宙を見つめ，硬い

表情である。これがYくん？　ご機嫌？　意味がわからず戸惑う。
「今日は新しい担当のお姉さんが来てるよ。」
　先輩の声に，私のことだ，と，Yくんとお母さんの方に歩みより，
「よろしくお願いします。」
とあいさつをする。
「Yくん，はじめまして。」
と声をかけてみるが，Yくんの表情は変わらない。すると傍らで見ていた先輩たちが，
「あれ，なんか変な顔してる。知らない声だぞ。」
「Yくん緊張してるのかな。」
と口々に言い始めた。それを聞いて，Yくんの様子を改めてじっくりと見てみたが，やはりとくに変わった様子はない。
　療育が始まり，先輩に言われるままに，Yくんを抱っこしてトランポリンをそっと飛んだり，毛布に乗せたYくんをぶらんこのようにゆらゆら揺すってみたりしてみたが，やっぱりYくんは体をこわばらせ，宙を見つめたままだった。
　療育後，スタッフミーティングが始まった。
「今日のSちゃんはちょっと疲れてたみたいだね。」
「Yくんはやっぱり，毛布のぶらんこの時は体がよく反応するね。」
　たった今，ともに見てきた場面について，先輩たちが次々に気づいたことを話し始めた。驚いた。正直なところ，それらの言葉のどれにも，筆者には思いあたることがなかった。そう言われるとそんな気もしたが，そうだと感じられるための手がかりは，筆者自身では何もつかめていなかった。自分一人が取り残されたような気持ちで，初めての療育日が終わった。

2)「見ているのに見えていないもの」への気づき

　初めて療育に参加したその日，そこで何が起こっていたのか，まったくわからなかった。普段，いろいろな人とかかわりながら過ごしていたのとはまったく別の世界が，そこには広がっていた。皆と同じ光景を見ながら，皆がわかっていることに自分だけが気づけない。自分ひとりだけが耳を塞がれたような，

目を閉ざされたような，まるで自分の感覚器官のいずれかを遮断されたような感覚だった。なぜ自分にだけわからなかったのか。これについては，障害児を見る視点として後藤（1994）が述べている以下の内容に示されている。

> （前略）…それは，何かができること，生産能力の高いことが価値あるものとする，従来的な価値観の枠から一歩も出ていないが故である。障害児の真の輝きに目がひらかれるためには，この既成の価値観や発達観から，一度離れなくてはならないだろう。

「既成の価値観」で参加していた自分には，先輩スタッフたちが話していた子どもたちの姿がまったく見えていなかったのだ。今まで自分がもっていたアンテナではなく，目の前にいるYくんをしっかりと捉え，Yくんの変化を受け止めることができるよう，自分の中のチャンネルをYくん用に合わせると，それらのものは次第に見えてくるようになった。ご飯を食べさせているときの口の動きやむせ方で，体調やご機嫌がわかるようになってきた。正確には，わかるようになった，のではなく，自分自身がわかろうとするようになった，ということである。もちろん，アンテナの感度が以前より良くなったという事実はあるが，そのアンテナでキャッチした情報を，見よう，聞こう，感じようとする心の傾け方が，大きく変化したのである。

　MRグループに参加し，子どもたちとかかわることによって，これまでの自分には，見ていたのに見えていなかったもの，見ようとしていなかったものがあったのだということに気づいた。そして，「既成の価値観や発達観から離れ」，今ここに居る対象と通じ合うために，自分の中に新たに「心の目」をもつことで，新たなコミュニケーションが開かれることを実感した。

3)「対象との関わりから見えてくる自分」への気づき

　MRグループへの参加初日は，前述のとおり何もわからずに療育が終わり，無力感のみが残った。参加し始めてしばらくの間は，担当児や他の子どもたちの様子よりも，その子らとうまくかかわれない自分にばかり意識が向いていた。参加するたびに自分の弱さや足りない部分を感じ，自己嫌悪に陥った。療育終了後のスタッフミーティングでも，自分の目から捉えた今日のYくんの様子

を自分から話し出すことよりも，よくわかっていなかった自分，何も出できなかった自分を悟られまいとして，先輩が話すYくんの姿に同調することが多かったように思う。

　それまで，日常生活で他人とかかわったときには，その場に居るときも，後で振り返るときも，注意の対象として意識されていたのは今かかわった相手だった。自分自身がどう振る舞っていたか，ということは，あえて意識を向けなければ思い返すことはなかった。ところが，MRグループの活動当初は，何をしていても自分の方により意識が向いており，終了後のミーティングでも，「毛布のブランコに揺られているYくんの表情の緩みや緊張感」ではなく，「Yくんを毛布で揺らしている自分が感じた不安やぎこちなさ」がまず先に思い出された。

　この理由として考えられることは，その場に居るときの自分の立場である。自分から見た世界を味わい楽しむ「参加者」という立場ではなく，自分の行動と他者とのかかわりを外側から客観的に捉える視点をもって，「療育者」らしく振る舞うことにとらわれていたのだと思う。ただ純粋にYくんとのかかわりを楽しむだけではだめであり，そこから気づいたことをつなぎ合わせてYくんへの理解を深め，Yくんにとって有益なことをしなくてはという気負いが，Yくんよりも自分自身の姿を意識させてしまったのだろう。

　それまでにも，施設での実習やボランティアなどで，一参加者としてだけではなく何らかの役割をもって場に参加する機会はあった。しかし，MRグループのように年単位の継続的なかかわりではなく，その場で起こったことを振り返り検討し合う機会も十分ではなかったため，当事者の立場で活動をこなすだけで精いっぱいだった。MRグループの療育や終了後のミーティングに毎週参加し，同じ場面を他者の視点からも振り返り話し合う機会を継続的にもったことで，自分自身が感じたYくん，他者から見たYくん，他者から見た自分とYくん，など，さまざまな視点から場を捉えることができるようになっていった。参加者として心から楽しむ自分と，そこで起こったことがもつ意味や相手の様子などを客観的に見つめる療育者としての自分。この両方の視点をもって場に臨むためには，対象とのかかわりから見えてくる自分の姿に気づき，それを受け止めながら自分を客観的に見つめることが大切だということに気づいた。

このようにして MR グループで学んだことは，障害児の療育だけではなく，これまで公私ともにかかわってきたさまざまな場面でも生かせるものだと実感している。次項では，筆者の勤務していた大垣女子短期大学幼児教育科 3 年生の保育実践での姿に，筆者が MR グループで得た気づきを重ね合わせて考察する。

(3) 幼児教育科の学生の姿から

1)「実務研修」について

　大垣女子短期大学は「短期大学」ではあるが，幼児教育科においては 3 年間の教育課程を導入しており，その特徴の 1 つとして「保育実務研修」がある。詳細については，矢田貝・永田 (2010)，茂木ら (2010) に述べられているが，1・2 年次に行われる 2 週間の保育園・幼稚園十種の他に，3 年次にも長期間の研修が行われている。平成 24 年 4 月現在は，年間を通じて週の前半（月・火）に保育園・幼稚園などでの研修を行い，週の後半（水・木・金）の授業で週前半の研修について振り返っている。筆者はこの振り返りの授業を他の教員とともに担当していたが，そこでは，研修での自らの姿を見つめ直し，クラスメートとともに振り返り検討する学生の姿が見られた。授業時間には実務研修時に学生自身が「がんばったこと・うまくいったこと」「難しかったこと・困ったこと」について，それぞれ事例をあげて客観的に振り返るよう指導した。自分が感じたことよりもそこで起こっていたことを詳細に思い出して記述し，それを学生同士で構成された 3 ～ 6 名の少人数グループの中で発表し共有する。そこではカンファレンスの手法を用いて各自が研修での経験に基づいた意見を述べ，1 つの事例を多角的に検討した。研修へのカンファレンス導入の効果については，西川・茂木 (2011, 2012) に詳しく述べられている。また，振り返り授業で記述された内容の質的な変容については茂木・西川 (2012) にまとめられている。これらの学生たちのすがたには，筆者が MR グループ参加によって得たのと同様の気づきが見出されている。

2)「見ているのに見えていなかったもの」への気づき

　自分一人が体験してきた場面を詳細に記述し、それをグループメンバーに語ると、さまざまな視点から質問が寄せられる。それに答えること、あるいは答えられないことは、自分が見ていたシーンが1つの文脈からの視点にすぎなかったと気づくことでもある。一例を示す（以下、西川・茂木，2011より一部抜粋）。

　学生 MK のあげた事例は、かかわりの早い時期から「つねる」「叩く」などの試し行動をとってくる H 児への対応であった（以下、「　」内は学生 MK による振り返り授業時の記述）。

　「子どもの中で私に対し試し行動をする子がいるのだが、その子の接し方に困っている（つねる、叩くなど…でもこちらをずっと見つめる仕草をする）」（研修1週目）

　カンファレンスでこの事例を提示し、グループメンバーから H 児がどのような時に試し行動をするのかを尋ねられて答えるうちに、少しずつ H 児の行動の意図がわかってきた。

　「興味でこういう行動をすることが分かったけど、どう接していいか分からない」（研修2週目）
　「気に入った人にやるらしいのだが、担任に対しては頭を"よしよし"となでるので、どうしたら（髪を）引っ張るのをやめてくれるのだろうかと困っている。『痛いからやめて』とよびかけるのだが笑顔を見せるだけで、いまいち本人には伝わってないようだ」（研修3週目）

　H 児と学生 MK との具体的なかかわり方が見えてくるが、解決方法がわからず、困惑する学生 MK の姿が思い浮かぶ。そこでカンファレンスに筆者も加わり、学生 MK からの懇願に対する H 児の笑顔の意味を皆で考えてみた。「まったくわかってないんじゃないかな」「むしろ MK 先生が構ってくれてうれし

いのかも」「ふざけてるつもりかな」など，いろいろな視点から解釈する意見が出た。また，「髪をひっぱられる」までのH児と学生MKとのかかわりについて尋ねてみると，とくに意図的にはかかわりをもっておらず，むしろ苦手意識からあまりかかわろうとしていなかった自分の姿に学生MK自身が気づいた。学生MKとH児とのコミュニケーションは，H児が学生MKの髪を引っ張ることをきっかけとして始まっているようだとわかってきたところで，何かされる前に自分からH児に働きかけることを提案してみた。「じゃあ月曜日はHくんデーにして，その日は一日，Hくんがなにもしてこなくても，こっちからかまいにいってみようかな…」。翌週の振り返り授業の記述は次のようなものであった。

　「以前髪の毛を引っ張られて悩んでいたが，あれからHくんと積極的にかかわり（話しかけたりHくんと行動を共にするなど）そういった行為はなくなった。私の手をぎゅうっと握ったり，移動教室の時は「一緒に行こう」というそぶりをみせるなど，ただそこにいる人，から，僕のことを見てくれる人，にHくんの気持ちが変化したのを感じ嬉しかった」（研修4週目）

　最初は自分にとって不快なH児の行動をやめさせたいと思っていた学生MKだが，カンファレンスによって今まで見えていなかったもの（H児の思いや周囲との関係，自分自身の姿など）に気づき，H児の行為の意図を理解して信頼関係を築けるようになったのである。学生MKの記述は以下のように続く。

　「子どもの行動の意味をよく考えられるようになったと思う。『なんで嫌がるんだろう？』『なんでみんなと一緒に行動できないんだろう？』と頭の中で『なぜか』を考えられるようになった。子どもに聞いてみると『あーなるほどね』と納得できる理由も多かった」（研修5週目）

　カンファレンスでグループメンバーから向けられた「なぜか」という問いを，研修終了後の振り返り時ではなく，研修園で子どもとかかわりながら自らに向

けて発することで，今まで見えていなかった子どもの姿を捉えることが可能となった。これは，一人の子どもと継続的なかかわりがもてる環境であったことや，カンファレンスで多様な視点を学んだことによるものであろう。

また，カンファレンスでは自分の事例検討だけではなく，グループメンバーが他園で経験した異年齢児の事例も検討するため，自分自身がまだ遭遇していない場面をさまざまな視点で捉えるシミュレーションとしての意味合いもあったようである。これについては，カンファレンスについての感想を問う個別インタビューを行った際，学生によって以下のように語られた。

「…自分が次の研修の日に，『あ，こういうときに，誰かがこういうことを言っていたな』と思い出してできたりすることもあったので，そういうことが参考になったことはよかったと思います」（学生MT）
「…友達の困ったこととかわからないこととかもわかったので，『じゃあ，もし自分がそうなったときにどうしようか』というふうに考えてできたのでよかったと思う」（学生NU）
「グループで話し合って，みんなが実習の中で『できたこと』とか『困ったこと』とかを聞いて，共感することもできたし，それから，こういう子どもの接し方もあるんだな，っていうふうに学ぶこともできたので，それは良かったと思います」（学生AM）

カンファレンスでの複数の事例検討を毎週行うことによって，1つの場面を多様な価値観や文脈から捉えることに慣れ，自分一人で経験する場面でもこれまでとは新たな視点から捉える力が育ったものと思われる。

3）「対象とのかかわりから見えてくる自分」への気づき

実務研修に入る前の事前学習時に，これは実習ではなく研修なのだということを学生たちによく説明し，認識させた。1・2年次に何度か行った2週間ほどの実習は，幼児教育の現場の観察や体験が主であり短期間の一時的なかかわりであった。今回研修生として行く際には，各自があらかじめ決めたテーマに基づいて研究的視点で保育現場を捉えることや，自ら主体的に動くことなどが求

められており，学生自身も意識していたようだ。そのため，目の前の子どもとかかわる際に，自分の立場や研修生としての自分の姿を意識した姿が見られた。(以下，学生の振り返り授業での記述より)

「子どもがひとつの遊びに集中しないので，私自身，どこにいてどうすればよいのかわからなかった」(学生 SF)
「子どもが担任に叱られた後，研修生の自分の行動はどうすればよいかわからない」(学生 HK1)
「自分の対応の拙さでうまくいかず，自分自身に焦ったり情けなさを感じて笑顔がない時があった」(学生 HK2)
「老人ホームに交流会として行きました。始めは立つ位置や，自分がいてもいいのかさえ分かりませんでした」(学生 TA)
「担任の先生がおらずに私だけだった時に，何をどこまであそんでいいのか，さわっていいのかわからずに，子ども達も暴走し始めた時に，どうしていいのか悩んだ」(学生 YU)

また，周りのスタッフの目を意識してしまったり，直接言われた言葉にとらわれたりして戸惑う学生もあった。

「研修生は職員より下といわれてから，どう私が動いていけば良いのか，わからなくなった。子ども達と遊んでいるのに『一人あそびしていないで！』と言われた事もあった」(学生 YU)
「『若さをもっと出してほしい』と言われるが，どうしたら良いのか分からない」(学生 HE)
「本当に嫌いなこと，駄目なことを伝える時，どれくらい怒って良いのか，先生の目が気になる」(学生 NK)
「何をすると先生にどんな事を言われるか分からないのでいちいち気をつかう」(学生 NK)

実務研修で「困ったこと」としてあげられるのは，「騒いでいる子を静かに

させるにはどうしたらいいか」「子どもたちが喧嘩を始めた時にどうやっておさめたらいいか」など，子どもとの直接的なかかわりについてのものが大半であった。しかし，振り返り授業で自分自身の姿を客観的に捉える視点をもつと，一歩離れたところから自分の姿が見えてくる。自分への考察はさらに深まっていく。

「ケンカの仲裁の時にちゃんと話を聞いてあげることができなかった。何がイヤだったかを子どもが言葉で表せるように援助することができなかった。いけないことばかりに頭がいってしまい，子どもの気持ちを考えてあげられなかった」(学生 AM)

「みんなで植えたきゅうりをむちゃくちゃにして触るKくんに気づき，『きゅうりさん痛いって言ってやあるで』と言って触るのをやめよう と遠回しに注意した。するとKくんは，だってだってと言って，土がつめたい，葉っぱに虫がいる，茎がちくちくすると発見したことを言ってきた。注意する前に，『何があるん？』と聞いて共感してから声をかければよかったなと反省しました」
(学生 AN)

「最近，注意しすぎだと思う…。自分としては，子どものストレスになるし，距離も離れる気がしてあまり叱りたくないのが本音。でも，給食中走ったりろうかに出たりする姿を見ると，どうしても『コラー！』となってしまう。一回，何が起きても黙っていたことがあったが，担任に『やる気がないな…』と思われるのが嫌で現在に至る。結局私は自分のことしか考えてないなーと思う」
(学生 MK)

自分自身の行動を振り返って気づいたことは，次週の研修に生かされていく。

「今週は普段関われない子とも積極的にかかわるという目標を立てた。クラスの中にKという男児がいるのだが，私はどうも彼に対して苦手意識を持っている。彼は気分の浮き沈みが激しく，不機嫌になると「ばか」「うるさい」などいってくる。そういう言動をするKに対し，私は知らず知らず彼を避けていたのに気がついた。そこで今週はなるべく積極的にKに話しかけた。する

とKも,『MK先生』と呼んでくれるようになった。『MK先生,○○くんと同じティッシュだよ』『先生,僕にもブロック貸して』。こんな会話もKとは今日までしたこともなかった。もっとちゃんとこの子と向き合わなければいけないと思った」(学生MK)

　実務研修およびその振り返り授業での学生の姿は,MRグループに参加していた頃の私の姿と同じだった。その場その場で子どもたちとのかかわりに没頭する自分と,自分の行っている保育を客観的に捉える自分。この両方からの視点をもって実務研修に臨むことで,さまざまな場面で子どもとかかわる自分の姿を見つめ直し,不十分な所や改善すべき点への反省を次からの子どもとのかかわりの中に生かすことができた。幼児教育を学ぶ学生が現場での経験から自らを見つめ直し,変容する過程については,職場における現実と自らの理想や価値観とのずれから不全感を感じる状態である「リアリティショック」という概念によって捉えた研究がある(谷川,2010)。この研究では3週間の実習に参加した学生の戸惑いや葛藤をインタビューで尋ね,問題解決のために学生の認識が変容していく様子が明らかにされている。本短大における実務研修でも同様に学生の認識の変容が見られたが,3日間の研修の振り返り後,翌週すぐに保育現場に臨む機会が与えられるため,数々のリアリティショックとそれに対する認識の変容を積み重ねることができたものと思われる。このように学生たちの成長する姿が認められたのは,3ヶ月間の継続的な研修への参加と,そこでの経験をカンファレンスによって客観的に振り返り,仲間とともに検討し合う機会をもったことによるものである。

(4) まとめ

　本章では筆者がMRグループから得た気づきを,学生の保育現場での学びに照らし合わせて考察した。「見ているのに見えていないもの」「対象とのかかわりの中で見えてくる自分」。これらの気づきの大切さは,保育現場だけではなく,筆者がこれまでに経験したさまざまな場面でも実感してきた。
　医学部老年科の「もの忘れ外来」で臨床心理士として認知機能検査を担当し

始めて間もない頃だった。筆者が問いかける簡単な質問に答えられず横を向いている高齢の男性患者に対し、「こちらの話が理解できないのだろう」と判断し、同伴家族の方を向いて話を進めていた。すると男性患者ははふいに、まっすぐ筆者の方を向いて穏やかな口調で一言こう言ったのだ。

「そのうち年とりゃあんたもわかるよ。誰でもこうなる」。

既成の価値観で「通じない」と判断していた筆者には、相手からの発信を受け止めるアンテナもなく、こちらから働きかける努力もしていなかった。相手のことをまったく見ようとしていなかった自分に気づき、これまでの態度を悔い改めた。これで少し患者対応がわかった気になり、「対象に合わせた対応」ができたと思っていた頃、今度は難聴の高齢女性にこう言われた。

「あなたね、ただ大きな声を出せばいいってものじゃないのよ。近づいて、落ち着いた低い声で話していただければわかります」。

今までの自分が、いかに一方的な捉え方のみで「できている」と慢心し、自己満足に陥っていたかにまた改めて、気づかされた。対象に合ったアンテナに波長を合わせ、そこから伝わるものに真に聞き入ることの難しさを実感した。

仕事を離れた、子育ての場面でも同じだった。筆者にとって第3子である長男が生後5ヶ月の頃、同年代の第1子を育てていた友人が遊びに来た。長男が何か危ないことをして、それを注意した私に、友人が言った。

「そうやって赤ちゃんに注意したりするのって、いつ頃からやればいいの？ もう理解できてるのかなあ？」

驚いたと同時に、自分自身もMRグループで子どもたちとかかわる前には同じような感覚をもっていたことを思い出した。既成の価値観や発達観で相手が「理解できている」と判断できない場合にはこちらから働きかけることを躊躇してしまう自分がいた。相手の心に自分の心のチャンネルを合わせて接するうちに、今までには実感できなかったコミュニケーションが相手との間に開かれていくという体験は、対象が誰であっても、どんな場面においても可能なのだと、今は実感している。

MRグループが筆者のなかに残してくれたものは、これから筆者が出会うさまざまな世界においても、他者とコミュニケーションを築く際の礎となるだろう。そしてこれを大切にして、公私にわたって他者理解・自己理解を深めるこ

とができればと思う。

引用文献

後藤秀爾（1994）．この子らと育ちあうということ　村上英治（監修）　"いのち"ふれあう刻を　川島書店　p.132

茂木七香・古宮山昭子・高田全代（2010）．実践的指導力育成をめざす「保育実務研修」についての考察（2）―研修振り返りの授業での学生の記述から―　大垣女子短期大学紀要, **51**, 61-64.

茂木七香・西川正晃（2012）．保育実践を振り返る内容としての「できたこと」「できなかったこと」の質的変容　大垣女子短期大学紀要, **53**, 13-22.

西川正晃・茂木七香（2011）．実習トークスタディにおける学生の専門性の向上について―Conferenceにおける「多様性」の醸成―　大垣女子短期大学紀要, **52**, 67-76.

西川正晃・茂木七香（2012）．保育実践を振り返る形式としての「グループカンファレンス」の効果　大垣女子短期大学紀要, **53**, 23-27.

谷川夏実（2010）．幼稚園実習におけるリアリティ・ショックと保育に関する認識の変容　保育学研究, **48**（2）, 96-106.

矢田貝真一・永田恵美子（2010）．実践的指導力育成をめざす「保育実務研修」についての考察（1）―3年制保育者養成課程における科目としての成果と課題―　大垣女子短期大学紀要, **51**, 49-60.

10

"こころ"と向き合う
―病院臨床から見えてくること―

髙橋　昇

(1) 病院臨床への原体験の息づき

　大学3年から4年生にかけての2年間は，私にとってとても濃密な期間であった。学部を出てからすぐに精神科の病院に常勤で勤め始めたこともあって，私の臨床や後の人生にとって重要な経験をした時期であるとも言える。

　私が大学2年の時に身内が急逝したこともあり，その後の2年間はただでさえ人が生きる意味を問い，自分はどのように生きていけばよいのか青年期の疾風怒濤のなかで思い悩まざるをえなかった時期であった。

　大学3年にはさまざまな実習が始まり，後期には「第三実験」という演習で精神科の病院に体験入院をすることになって，さまざまな障害をもった人たちとの生のかかわりをする端緒となった。ここでの体験は以前にも書いたのだが（髙橋，1999），精神病という病いがあるのではなく，病いを抱えた人たちが息づいてそこに存在するということが，大きなインパクトをもって感じられた体験であった。なかでも入院して3日目に，同室の患者さんが夜中に部屋を抜け出して自殺した出来事は，私が病院臨床を志すうえでの大きなきっかけになった。

　4年生になると，臨床系の同級生がMRグループに参加するというので私も参加することになった。私の指導教員であった故村上英治先生がやっておられたグループなので参加するのが自然であり，とくにMRに深い関心があったわけではないのだが，後から考えてみると，そのすべてが貴重な体験であった。今ではさまざまな臨床体験が大学院に入ってからの実習や行事になってお

り，学部生では体験できなくなっているが，もう30年以上も前にはまだ比較的自由であった．私は幸運なことに，現在の大学院での実習と類似したほとんどのものは学部時代に体験させてもらった．ロールシャッハ法なども大学3年で習得して，4年次には40名ほどの臨床事例を体験していた．

そしてMRグループは楽しかった．当時は身体も動かせる元気な子も多く，一緒によく遊んだ．私はその中で障害を抱えた子どもということを忘れてかかわっていたように思う．みんなで行ったプールで，村上先生が大きなビーチボールを思い切り蹴って小さな男の子の顔にもろに当たり，その子がびっくりしたような顔をしていたのが印象的であった．

4年次には白衣を着て精神科病院に週1回入るようになっていたが，大人と子どもの臨床はとても対照的であり，私は大人とのかかわりで身が引き締まり，子どもとのかかわりで身が開放された気がした．その両方で病いを抱えた人とかかわることを体験し，病いや障害に惑わされない"人間自身"とかかわることを学ばせてもらったと感じている．それから私は，とにかく体当たりの体験が臨床にとって一番大事であり，そこから得る感覚が臨床の拠り所であると確信するようになった．

(2) 見えない内部，昼間に星を信じること

私は職を精神科病院に求め，その後は精神的な病いを抱えた大人の患者さんたちとかかわることになる．病気は治った方がよいのは当たり前のことであり，できれば治ってほしいと思いながら，しかし実際には治らない人たちが精神科病院には数多くおり，私の浅はかな知識や意欲だけでは何ともならないことに直面させられた．病いや障害を抱えた人が，治らなくてもそれを抱えながら生きていくことに寄り添うこと，私はそれを志していたのではないかと心に問いかけるが，自分のかかわりが目にみえる何らかの成果を上げないと自分のふがいなさに落胆し，無力感に襲われて，何のために彼らとかかわっているのか，私は彼らの役に立っているのか，他のセラピストの方が早くよくなるのではないかという思いに悩まされた．しかし，悶々とした臨床の中でしだいに彼らの見えない内部を感じるようになり，それは昼間に星は見えないけれども，確か

にあると信じるようなものではないかと考えた。そのきっかけになった事例を次にあげたい。

1) 事例 A 男　40 代男性「暴力的なアルコール性精神病」

　彼は両親がすでに亡くなり，天涯孤独の身になって，工場に勤めながら生活を営んでいたが，20 代以降に酒量が増して未婚のまましだいに不適応をきたし，酒を飲んで暴れたりするようになって入退院を何回か繰り返すようになった。そしてあるとき，私が勤めていた精神科病院に入院してきた。

　彼は不穏な状態になることが多かったので，保護室（隔離室：鍵のかかるトイレつきの個室。自傷，他害の恐れがある人が入ることが多い）に入ることも多く，そこから出てきてもまた何か問題を起こして保護室に舞い戻っていた。たとえば，タバコは閉鎖病棟では本数が限られていて自由ではなかったが，彼は部屋の電気のソケットに針金を突っ込んでショートさせ，その火花で綿に火を付けてタバコを吸った。またあるときは，なかなか退院させてくれない主治医を恨み，病院の運動会の時に外に出た機会にバットで主治医を殴ろうとして取り押さえられた。また，私が男子閉鎖病棟の当直をしていたときに，1 階下の女性病棟から雨漏りがするとの電話があり，階上にある彼のいる保護室のドアを開けると，彼がトイレの穴をシーツでふさいで水を流しっぱなしにしており，辺り一帯水が溢れて池のようになっていた。

　そんなありさまであったのでどうしようもなく，何とかならないものかと主治医が私にカウンセリングの依頼を出してきたのであった。私は大変な人と付き合わなければならなくなったと思いながらかかわることになった。

　彼と始めた面接では言葉も荒く，いつまでも退院させてくれない主治医や言うことを聞いてくれない看護師に対して不満を語り，面接のたびにそれが続いた。そのような荒れた気分では退院などもちろんできるはずもなく，私は閉鎖病棟に週 1 回通い，彼の話に付き合っていた。しかし，不思議なことに彼は私に対して怒りを募らせることはなく，私が面接を始めてからはひどい問題行動も起こさなくなった。1 年がたち，2 年過ぎるうちに彼の荒れた感情もしだいに収まり，日常的に起こったことや昔の思い出話などを穏やかに話すような面接になっていった。彼の荒ぶる気持ちを受け止めるものが必要だったので

あり，私がそれを引き受ける器になったのだと思われた。3年経った後，私は他の職場に移ることになり，彼との面接も終わりになることを伝えると，彼はとても残念がってくれた。私に対して今までの礼を言い，「もし先生が辞められるのなら，僕はもう心理面接は受けません」としんみりとした口調で語った。それはまるで，私に操を立てているように感じられた。

彼は退院できたわけではなく，家族も仕事もなく家もない状況では退院していくところもなかった。私がかかわってもさしたる成果もなかったようにみえる。しかし，彼の中では人を見る目が変わり，安定した対象関係を保てるようになったと考えられた。私の眼差しに彼は応えていたのだと言えよう。

私は彼を含めて患者さんとしばしば保護室で会っていたが，松木（2007）はこの保護室が精神科臨床の中で最も学べる場所であり，「最も重篤な『壊れてしまったこころ』，『死んでしまったこころ』を知らずして，こころの専門家になれるだろうか」と述べている。彼らの一番悪いときの状態を知る者は，一番彼らの全体像を理解する者であり，人は他者に理解されることを欲している。

2）事例B男　40代男性　「粗大ゴミを拾っていた統合失調症」

B男は私が初めて勤めた精神科単科の病院に入院していた当時40代の人であった。心理テストなどをやってもらって病棟で挨拶をするほどの関係であったが，次に勤めた精神科の病院で再会し，主治医からかかわってほしいとの依頼があって毎週面接することになった。妄想的な言動があって入院してきたのだが，それらはじきに収束して慢性の統合失調症の人にありがちな陰性症状が主となり，感情は平板で社会適応への意欲は乏しい状態であった。私は彼と日常的な話をしながら天涯孤独の彼がどのようにしたら社会とのつながりがもてるのか暗中模索の状態であった。ロールシャッハ法も施行してみたが，2枚の反応拒否カード以外の反応はすべて「インクのシミ」であり，変化可能性の乏しさを感じて私は暗澹たる思いをした。

彼は1年半ほどで退院となり，生活保護でアパートを借りて通院することになった。向精神薬は維持量を服用し，私との面接について聞いてみると「続けたい」と言うので，毎週会うことになった。私はここから先どのような方向に向かうのかつかみかねていたが，一応どこかで働けるようになることが目標と

なった。

　彼の収入は生活保護費なので生活は質素なものであり，スーパーで簡単な買い物をして食事をし，交通費の節約も兼ねて2時間ほど歩いて病院に通って来た。それ以外にも彼は出歩くことが好きで，毎日2時間は散歩していたが，そのうちに見つけた粗大ゴミ置き場の中からまだ使える冷蔵庫やテレビを拾ってきてアパートの部屋に置いた。これで食物の保存もでき，テレビは映るチャンネルが限られていたが，それでも十分鑑賞に堪えるもので，退屈しのぎにはなった。私はこの収集力も一種の社会適応能力だなと感心しながら，どこにそのようなものが落ちているのか聞き，「今度僕も行ってみようかな」などと彼と話し合った。

　彼の欠点は風呂に入らないことであり，月に何枚かは入浴券が支給されるのだが，通常はそれでは足りない。でもそれ以上銭湯に行かないので入浴回数が少ないのである。加えて着ているものも替えず，いつも同じものを洗いもしないので薄汚れたホームレスのような風情であった。面接室に入ってくると，すえた臭いが漂ってきた。そんな格好で散歩といって毎日あちこちウロウロしていては怪しい人と思われてしまうので，私は入浴や洗濯をすること，着替えたりすることを勧めた。B男が新しい服装をしてくると，ちょっと大げさにほめてあげたものだった。

　面接で再就職の話をしても彼がのってこないし，探してもないというのでなかなか進まず，意欲も乏しかった。しかし，面接の日時には必ずやってきて，遅刻や欠席などはまったくしなかった。4年ほどが過ぎ，私は他の職場に移ることになって彼との面接を終了することになった。彼は私がいなくなるのをとても残念がってくれた。

　彼は社会には出られたが，仕事やデイケアなどを勧めても参加する気がなく，結局社会のなかで適応することはできないままであった。ただ，私との面接は楽しみにしており，休むことはなく，むしろ私の都合での休みは残念そうであった。私以外の人とはまとまって話すこともなく，片親はすでに亡くなり，もう片方は行方不明で兄弟からは何の音沙汰もない人であった。

　私との面接の時だけ，本当に打ち解けて諸々の話をし，粗大ゴミ置き場の穴場を話し合い，テレビに映らない番組を残念がることができたのだった。病気

が治ったり，働くことはできなかったが，渡辺（1991）が「私たち臨床家が精神病の人たちの傍らに座り続けているだけでものすごく意味のある仕事をしている」と述べているように，私も「人生の伴侶者」として彼の人生の幾ばくかをともに歩んだ気がするのである。私は彼にとっては，そのようなかかわりができるただ一人の存在であり，それは大きな意味をもつと考えられる。

3）事例Ｃ男　40代男性　「床下の埋蔵金を信じる統合失調症」

　彼は両親のもと3人きょうだいの次男として生まれた。順調に大学を出て理系の学部だったので機械関係の仕事に就き，何年かは順調に働いていた。対人関係がうまくいかなくなって，そこを辞めてからは転職を繰り返すようになり，30代のときに母親が病気で亡くなり，父親も数年後に亡くなると，きょうだいはすでに外に出ていたので，親の残した一軒家に一人で住むようになった。30代後半になると，その家の縁の下に1億円が隠してあるという妄想を抱くようになってくる。情動も不安定になり猜疑心も強くなったので，遠くに住んでいた兄のすすめにより，当時私が所属していた心療内科のクリニックの本院である精神科単科の病院に入院する。しばらくして退院すると，私の勤めていたクリニックに通院することになり，行動改善をはかりたいという目的で主治医からカウンセリングの依頼があって私が担当することになった。

　私が会ったときには彼はもう「床下に1億円が隠してある」などと言わず，私が＜そういうことも言っていたようですが？＞と水を向けても「さあ，あったかも……」と覚えていなさそうな返事をした。カウンセリングに対する動機づけもなかったが，＜これからどうしていくか一緒に考えましょう＞と話して毎週30分ほど会うことになった。＜様子はどうですか？＞と聞いても「いや，別に」と応え，自発的な発言はまったくなかった。一級症状といわれるようなものはなかったが，話すこともまったくなく，彼は判で押したように，毎日スーパーかコンビニで惣菜を買い，米を炊き，一人で食べ，寝起きをした。テレビは見ていたが，ほとんど惰性で見ていて何が面白いということもなさそうであった。盆や正月でも何の変わりもなく，クリスマスケーキも買わなかったし，正月の餅も家に飾らなかった。家には誰も尋ねて来ることがなく，彼は病院に来るとき以外にはほとんど話をする人もいなかった。私が過去の話を聞くと，

(2) 見えない内部，昼間に星を信じること　　121

　彼はきちんと大学を出て会社で働き，しばらくは社会適応もしていた当時の話を，聞かれるままにぽつぽつと話した。
　話題もじきになくなり，毎週＜様子はどうですか？＞と聞くと，「はい，良くなりました」と答えるのが決まりであった。その後は何の話もでなかった。ときに＜何が良くなったんですか？＞と尋ねてみると，「はあ，身体が良くなりました」と言うので，意地悪に＜どこが悪かったんですか？＞と聞くと，彼は「身体の調子が悪かったです」などと答えた。いろいろと質問をしてみても「別に」と答えられるとその後の言葉がなくなってしまう面接が延々と続いた。私は30分の面接ももたなくなり，風景構成法や交互色彩分割法などを取り入れてみた。風景構成法は時々実施し，色彩分割法は毎週やってみたが，彼はスクリブルで恐ろしいほど毎回同じ直線を描いて画面を分割した。
　最初の面接から4年ほどが過ぎたが，彼は一度も面接を休まず，時間の余裕をもって来院していた。私が常勤でいたクリニックを退職し，非常勤で週に1日半しか来られなくなったので，受け持っていた患者さんの人数を絞らなくてはならなくなったとき，彼の面接は終了しようと思った。私が終了しましょうと言えば彼は二つ返事で応じるだろうと思われた。そのことを告げようと思った面接の日，彼はやって来なかった。今まで一度もないことであった。おかしいなと思っていると，その日の夕方受付に電話があり，「僕は治ったので，もうクリニックには行きません」と言って切ったそうである。その後彼は一度も来院せず，必然的に服用していた向精神薬も途絶えた。そしてその後，症状が増悪して，再び精神科病院に入院してしまった。
　面接初期には，私はC男にとって何か役に立てないか，もう少し行動範囲が広くなり，人としゃべれるようになったり，デイケアに参加したり，もう少しハッピーに暮らすことができないかと思ってかかわっていた。しかし私との面接は何の役にも立たず，延々と同じ時間が循環するメビウスの輪の中にいるような無力感に襲われ，永遠の常同性に私自身もはまってしまったようだった。だが，面接中盤以降はやれるところまで付き合っていこうと腰を据えた。その後に別れるときが来て，仕方ないなと思って彼に終了を告げようとした，まさにそのときに彼の方から終了を告げられたのであった。それはあたかも私が終わりにしようとしていたのを彼が察知したかのように思われた。

来院しなくなった彼は，結局入院することになったが，私と会っていたことで来院時には投薬も受け，一人で細々とながらも生活を営んでいた。そのような生活の維持に私との関係は役に立っていたのだろう。表面的な行動上の進歩はなかったかもしれないが，筋ジストロフィーの患者さんに進行を遅くするための治療があるように，その段階に居続けられることが彼にとって大事だったのではないだろうか。それが終わったと悟ったとき，彼は自分から終了を告げたのであった。私と彼との無意識的なつながり，それは見えないがやはり存在すると感じられた経験であった。

(3) 障害を抱えた人のあらたな障害

　ここまで精神的な障害を抱え，心理療法的かかわりでは多くを期待できない人たちとのかかわりを述べてきた。次に述べる事例も精神発達遅滞という障害を抱え，それ自体は「治る」ことのない事態でありながら，またそこから生じた新たな事態に苦悩しながらも，その病いからは自由になり，自分らしい生き方を取り戻した一人の女性を紹介したい。

1) 事例の概要
　D子　30代後半　女性　診断：重度MR（ダウン症），適応障害，精神運動興奮

　D子は生後すぐにダウン症と診断され，未熟児で1ヶ月半ほど入院する。両親と2人きょうだいの長女で弟が一人いる。3歳時より言語訓練を受ける。養護学校に通い，母親は周りに迷惑をかけないように厳しくしつけ，決められたことは守る子だった。小学校時代から日記をつけ始め，同じことを繰り返し書いていた。中学校は特殊学級で，その頃IQは40弱と判定される。高卒後は入所施設に入り，就職できるか気にし始めた頃から少し性格が暗くなったようだという。母親が体調を崩し，面倒を見る自信がなくなったので，20代中頃には収容施設に入ることになった。入所時は寂しかったようで2，3日は泣いていたという。施設に入ってからは自分の気の進まないことには頑固に自分の意志

(3) 障害を抱えた人のあらたな障害　123

を通したが，一方では他者への依存心が強かったという。ずっと手を洗っているなどの洗浄強迫があり，人より物事が遅くてもペースを崩さなかったとのこと。2年目にはいやなことがあると腹痛を訴え，トイレに入って出てこなかったり，トイレットペーパーを盗む行為があった。融通がきかず，他者とのトラブルも増加する。強く指導されると身体の不調を訴える。

　しだいに外に出たがらず，帰省にも抵抗が出てきて，居室でじっとしており，同じ服をずっと着ているようになる。7年目には夜中まで起きており，軽作業もいやがるようになってくる。さらに数ヶ月たつと「職員が怒りに来るので怖い」「窓から髪の長い人が見える」と言うようになる。入浴もできず，水を流しっぱなしにしてトイレットペーパーを流しては捨てる。そして家族と施設職員に連れられて来院し，主治医よりカウンセリングの依頼がなされ，私が受け持ち，隔週で1回30分の面接を行う。

2）面接過程
[第1期] 導入期（#1〜6）
　1回目の面接では施設職員，母と同室する。D子は一人ではまったくしゃべらず，じっと下を向いており，話しかけても言うことがはっきりしないので，来院経緯は他の二人から聞く。2回目も一人では面接室に入れないので職員も同席し，私が＜このあいだ来たこと覚えてますか？＞と聞くと「忘れちゃった」と答える。＜今日一緒にいる人は誰ですか？＞と聞いても「わかんない」と答え，「わかんない」とか「ない」という返事が多い。会話する人はおらず，＜人と話すのは好きじゃないですか？＞と聞くと，「あんまり好きじゃない」とのことである。

　6回目の面接で＜今日は一人で入れませんか？＞と尋ねると，一人で入室する。この回に風景構成法を施行すると，画面全体が水で覆われるように描いている。無意識の洪水の中にいるように思われる。＜身体の調子はいい？＞と聞くと，「はい」＜気分は？＞「大丈夫」＜外泊した？＞「した」＜いつ？＞「忘れた」＜うちと施設とはどっちがいい？＞「施設」などのやりとりがなされる。

[第2期] 関係安定期（#7〜20）
　一人で面接に臨めるようになったが，会話では一問一答形式になってしまう

ので，自由画を描いてもらうようにする。施設では朝食を食べるように指導しているという。＜好きな食べ物は？＞「ハンバーグ」＜施設で出るの？＞「出る」＜じゃあ，うれしい？＞「うれしい」と笑顔を見せる。いつも付き添って来られる職員から話を聞くと，生活の流れが同じようになってきて，週に1回しか入らなかったお風呂も毎日入るようになり，自分で家に電話していて家族からの電話も楽しみにしているという。＜いろいろできるようになったって？＞「はい」＜前はトイレに長く入っていて，出られなかった？＞「はい」＜きつかったね＞「はい」＜気持ちが楽になったかな？＞「はい」＜よかったですね＞「はい」などのやりとりがなされた。

12回目に私が誰だったか名前を尋ねると「忘れた」と言うので，＜覚えておいてね＞と伝えておく。16回目に聞いてみると「髙橋さん」と覚えていてくれる。この頃には施設において夜間に2時間ほどトイレ流しをしていたり，部屋の電気を点けたり消したりするという行動がまだ続いている。職員からはしだいに言葉のやりとりがスムーズになってきて，できなくなっていたことがまたできるようになってきた感じがすると報告がなされる。

[第3期] 交流拡大期（#21〜39）

彼女の言葉はいつも一語文なので会話は一問一答形式になるが，表情は温和になり，笑顔も多くなっている。＜好きな季節は？＞「冬」＜なぜ？＞と聞くと，首をかしげるので，＜わかんないかな？＞と言うと「ははは」と笑っている。

自由画はいつもはじめに「コックさん」を描くが，#21では「携帯電話」を描いており，母への肯定的関心と交流が感じられたので，＜なぜ携帯を描こうと思った？＞と聞くと，「描きたかったから」と答える彼女である。しかし，24回目ではまた携帯電話を描くので，＜携帯電話が欲しい？＞と聞くと「欲しい」とのこと。＜誰と電話をしたい？＞と聞くと「おかあさん」と言う（図1）。年が明けて，＜正月はどうやって過ごした？＞と私が聞くと，「忘れた」と言うが，家族の話では「今までになくよかった」とのことであり，機嫌もとてもよかったという。

36回目では職員から「会話ができるようになり，2週間前ぐらいから一緒に食事ができるようになった。利用者同士で話ができる。前は笑いがなくいつも

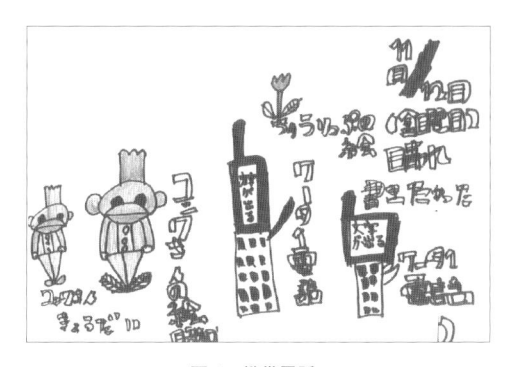

図1　携帯電話

暗い顔をしていた。カウンセリングをしていただいて言葉のキャッチボールができるようになった」との話を聞く。

［第4期］終了期（#40〜46）

自由画では初めて自己像を描き，家に帰るとカレンダーに「クリニックに行く日」と書いていると職員から聞く。この日私が退職する予定であることを伝える。次の44回目は正月過ぎになり，雑煮を食べ，弟が来たり初詣に行ったことを話している。＜今年やりたいことは何？＞と私が問うと「結婚したい」と答え，相手は優しい人がよいが，「今優しい人がいる」と言う。

46回目の最終回，カウンセリングの感想を聞くと「楽しかった」と語り，職員からの報告で施設の女性職員に「あなたも結婚できるように」とメッセージを書いたとのことである。風景構成法を描いてもらうと，その中に「おもしろかったです。さようなら」というメッセージを書いている。

3）取り戻したもの

彼女は私との2年ほどのかかわりのなかで，日常生活でのこだわりや，幻覚，妄想様観念が消失し，施設内適応ができるようになった。他者とのコミュニケーションができていくなかで主体の回復がはかられたと考えられよう。紙数の都合で詳細は省くが，知的な問題のために言語的コミュニケーションが取りにくいところを自由画と風景構成法によるコミュニケーションが補完している。

ともあれ，彼女が施設の中でしだいに孤独になって不適応を起こし，強迫症

状や精神病的な症状まで生起させて行き詰まってしまったのであったが，私との面接の中でポジティブ（積極的）な感情転移を起こし，しだいに自分らしさを取り戻していった。孤独感や阻害感を癒やすのは他者の眼差しであり，温かい交流である。第Ⅲ期に自由画で描かれた「携帯電話」は，母親を代表とする対人的な希求の表れであり，面接初期には「家よりも施設の方がよい」と言っていた彼女は，しだいに母への関心と思慕の念を取り戻したと考えられる。面接の最後に「優しい人と結婚したい」と言ったのは，私に対する恋愛性転移であったかもしれないが，施設職員に「結婚できるように」と書いたのは，他者へのポジティブな関心と思いやりが広がっていることを感じさせるものである。最初の風景構成法では川の中に呑み込まれているような絵を描いていたが，そこから解放されて内的な自由さと豊かさを示すようになり，ささやかでやさしいＤ子らしさがうかがわれる。それは単に取り戻しただけではなく，彼女の内的な成長でもある。

　言葉や知的な交流こそ十分にはできなかったが，障害を抱えた人がそれを抱えながらもその人らしく生きることをサポートし，私たちがそれに寄り添っていくことの重要性がみてとれよう。それが私の臨床の眼差しである。

引用文献

松木邦裕（2007）．虎穴に入らずんば，虎子を得ず　渡辺雄三・総田純次（編）　臨床心理学にとっての精神科臨床―臨床の現場から学ぶ―　人文書院　p.38

髙橋　昇（1999）．精神病を病む人とのかかわり―精神科病院での体験から臨床へ―　池田豊應・後藤秀爾（編著）　心の臨床・その実践　ナカニシヤ出版

渡辺雄三（1991）．病院における心理療法―ユング心理学の臨床―　金剛出版　p.36

11

犯罪被害者の自助グループ活動に関する一省察
―当事者へのインタビューから―

大崎園生

(1) はじめに

　1990年に開催された犯罪被害者等給付金支給法10周年シンポジウムにおける遺族の発言によって犯罪被害者の苦難が認識されるようになって以来，犯罪被害者等基本法や犯罪被害者等基本計画も整備され，犯罪被害者に対する支援が広く取り組まれるようになってきた。警察や検察，司法の場においては，犯罪被害者の声を受けた制度の見直しや新しい制度の導入が行われた。さらに地方自治体でも，独自に犯罪被害者支援条例を制定するところが増えてきた。
　これら公的な支援の他に，自助グループ活動が被害者自身による支援として行われている。もともと自助グループ活動は，主に医療や福祉等の領域で，仲間とのつながりや自尊心といった当事者の人間的なニーズに応える場として，すでに長い歴史をもっている（大崎，2008）。犯罪被害者の場合は，その意義を次のようにまとめることができる。事件直後に麻痺した感情や感覚を取り戻すこと。自らのことを語り，他者の話を聞くという営みの中で，人間や社会に対する信頼を取り戻すこと。自分の経験を受容するとともに物語として自らに統合すること。孤立感を和らげ，対人相互関係ができることで自尊心を回復させること，である（大久保，2001；佐藤，2001；新，2002；長井，2004；内閣府，2004；藤崎・西山，2006）。
　その一方で自助グループ活動においてはさまざまなことに注意する必要がある。長井（2004）は，ファシリテーター役の人はグループワークの基本を学ぶことが重要であり，運営を慎重にしないと自助グループ自体が二次被害の温床

になることもあると述べている。さらに，グループの目的の違いや価値観の違い，物事の進め方に関する感覚の違い等々によって容易に分裂するとも指摘している。

心に深く傷を負った人たちが集まる場だからこそ，癒しになることと互いに傷ついてしまうこととが背中合わせの微妙な機微になっているし，自助グループではそうしたことに臨機に対応していかなければならず，その都度実践的な知恵が求められるように筆者は感じているが，犯罪被害者の自助グループ運営に関する具体的知見の共有は進んでいないのが現状である。

そこで本章では，犯罪被害者の自助グループ活動について，当事者の経験を語っていただいたものを提示し，自助グループにかかわる支援者の一助となしたい。

(2) ある自助グループの場合

1) 本章の自助グループについて

以下では，ある殺人事件の被害者遺族Aさんにインタビューを行い，それを筆者が整理したものを紹介していく。Aさんは，まだ被害者支援制度が整っていない時期に被害に遭い，その後自ら自助グループを立ち上げ，これまで活動をしてきた方である。

2) インタビューの内容 （＜＞内は筆者の発言を，…は数秒の間を表す）
①自助グループを立ち上げるまでの経緯

事件から3年ほどして，犯罪被害者の自助グループに行ったんです。でも最初から，同じ体験をした人と会って話がしてみたいという明確なものがあったわけではなかった。

私は自助グループに参加したいというより，裁判が始まったけれど，どうしたらいいのかわからなかったので，自分でも何が知りたいのかよくわからないっていう状況でした。それで行ってみたら，他にも被害者がいるんだって思ったんです。事件直後は，他に被害者がいるっていう想像もつかない。やっぱり，自分だけだっていう感覚が一番ですね。近所や周囲は事件の次の日になったっ

て別に何も変わらないわけだし，完全に最初から，取り残されたような状況があって，それで，自助グループに行ったら，他にも被害に遭った人がいるということを実感したというか，私だけじゃなかったなっていうのを思いました。

私は，事件っていうことがどういうことなのか，あんまりわかってなかったんです。皆さんが，あのとき裁判官がこうだったとか，このとき検察がどうだったとか，取り調べでこういう思いをしたとか，不起訴になってしまって残念だったとか，そういうのを聞いて，改めて事件ってこういう裁判がされているんだって思った。自分もその中にいるのだけれど，自助グループに行くまでは検察官と話したこともなかったし，裁判も傍聴席で聞いていただけだったので，自分の事件なのに概要をそこでようやく知ったという感じでした。だから，裁判に参加したいとか，おかしいって文句を言ってもいいとか，そういう気持ちがあっていいんだっていうのを知ったというか。皆さんがすごくいろんなことを知っていて，批判も含めて，こんなことでいいんだろうかっていう感想も聞いて，なおさら，もっと知ってもっと考えないと，裁判が終わってしまう，このままじゃいけないって思ったのと，そういうふうに怒りをもったり，疑問をもったりしていいんだっていうふうに，思いました。

＜自分の気持ちを話したいと思ったのは＞

それは，裁判の意見陳述の時期とたぶん前後しているんです。意見陳述のときにまとめて話をして，それで，やっぱりこんなに思っていることがあったし，こんなに言いたかったし，でも，これ以上言う機会はないのかって思ったんです。長い裁判の中で意見陳述は一回だけじゃないですか。それで，もっと言いたいなっていうのに気づいた。

言いたいと思ったのはやっぱり，加害者に直接聞きたい，加害者が尋問されて話すことを聞いていて，疑問を感じてもそれは嘘だって言えないわけです[1]。殺された家族はそんなふうじゃないっていうこととか，そういうことが，きっと，聞きたいことであり，言いたいことであったんじゃないかなっていう気がします。

---

1) 現在では被害者参加制度が導入され，加害者に対してある程度質問もできるようになったが，Aさんが被害に遭った当時は，遺族といえども裁判所では一般人と同じく傍聴席で聞いていることしかできず，"蚊帳の外"におかれていた。

だから，裁判があるうちは，家族が亡くなった悲しさとか……というよりはやっぱり加害者に対する思いであったり，このままでいいのかみたいな気持ちのほうが強かったですね。自分自身の心情よりたぶんそっちのほうが，時期的にウェイトを占めているかな。

 〈自助グループを立ち上げるときに目的としていたことは〉

 たとえば法律のことで知りたいことを知ることができるって思ったのと，自分だけじゃなくて，絶対地元にだって同じような人がいるだろうと。一人では何かやりたいと思ってもできないけど，何人か集まれば，私のときはこうだった，こういうこともあるよっていうのが，知ることができたらいいなっていうのが，一番だったような気がします。

 〈立ち上げに際しての配慮は〉

 罪種を限定することについては，専門家の方が教えてくれたんです。広げるのはいつでもできるから，まずは，この罪種で，声をかけてみたらどうですかって。私は，それはすごく正解だったなあって，今でこそほんとうに思うんですけれど，やっぱり，たとえば保障の問題にしても捜査のあり方の問題にしても，どうしても罪種によって違う点が出てきてしまう。それで，広げるのはいつでもできるから，まずは，少人数ではじめたらどうかと。

 逆に呼びかけても誰も来なかったらどうしようっていうことも心配だったんですけど，そうしたらその専門家の方が，自分たちの家族からはじめるつもりでやればいいって。家族で話をしようと思っても，言えないことばかりなんですよね。だから，家族のなかに第三者が入るっていうのはすごく大事なことだから，家族ではじめればいいって言われたんですね。それは最初の大事なポイントを言ってもらったなと思います。

 ②**自助グループがはじまって**

 グループがはじまって，1回目の定例会は，皆さん集まって，顔合わせをして，みんな名前を言って簡単に事件概要を言って，その後どうしようみたいな感じでした。とにかく最初の2, 3回っていうのは，皆さんが来ても，私もどう進行していいかもわからないし，どこでどういう話をつなげて，どの人に話してもらうといいかとか，そういうことは，最初の頃なんて全然できなかった。

だから，私が困ってるなと思うと，そこで，専門家の方[2]が一人でずっと話してました。それはすごく助かりました。だからといって，これを話してもらったっていう印象はあまりなくて，被害者の心理などについてだったんですけど，いわゆる間をもたしてもらったっていうか。

そんなふうだったので，次の会に皆さん来てもらえるのかなあと思いました。1回目はとにかく来て，集まって，帰ったっていうだけだったような気がします。でも，皆さんとしては，たぶん，他にも被害者がいたんだって，思って帰っているなっていうのはわかったんですけど，でも，これからどうやって進めようかっていうふうに思っていました。そういう不安もあったけど，その頃東京であった研修会で，ある自助グループの代表が，長い時間をかけて今があるっていうのを聞いて，1回や2回でどうこうなるものでもないし，とにかく長い目で見ていこうと思いました。

＜最初はなかなか話せなかった皆さんが，話していかれるようになったのは？＞

……自分自身の心を見つめるっていうのは私の中では自助グループの役目というか，時々話題として，ご家族の中で話をしますかとか，家ではどうですかっていうような話題提供をしたんだけれど，なんかやっぱりそのところはあんまり……出てこなかった気がしたんですけどね，うん。やっぱりだから，対加害者への気持ちだったりとか，裁判のことが中心だったかなあって……。

でも少しずつそういう怒りが出てきて，加害者への気持ちや被告弁護人への気持ちが話されるようになって，そこから外へ向けて発信しようっていう催しをしたことで，皆さんの気持ちも距離的にも近づいたかもしれないなとは思いましたかね……催しをみんなで参加したっていうので，このグループらしい流れというか，ヒントができたかなあっていう気がします。

自助グループのための勉強会に参加したことがあるんですけど，そこで，被害の比べあいをしないようにとか，参加した人が同じだけ話せて，何も話せず聞くだけで帰っちゃう人がいないようにとか，あるいは守秘義務で，外へ漏らさないということ，それは，できるだけ外に持ち出さないで会が終わったら気

---

2) この自助グループには，臨床心理士2名がサポートスタッフとして当初参加していた。

持ちを切り替えるっていうような意味もあるんだと思うんですけど，そういうことを，やっぱり人が集まることだから最低限のルールを皆さんに知ってもらって始めなきゃいけないっていうことを教わったんです。

人と人とのつながりの中で，小さなコミュニティっていうか，それもまた社会だからルールが必要で，協力してもらえないとできない。でも，そのなかでたとえば，そのグループに合わない人とか，来られると困る人がいる場合はどうしたらいいか質問したら，そういう場合はその場で否定するのではなくて，たとえば心理の専門家とか会をサポートするスタッフが，別のところでルールを説明して，守れないなら来てもらわないよう伝えると。逆に，泣きすぎてしまって他の人の話す余裕もないぐらいに一人舞台になってしまう場合は，そういう人も協力的にみんなでグループを作っていく意識ができないわけだから，自助グループへの参加はまだそのときは早いって。その人たちもやっぱり個別に話をして，カウンセリングをすすめたり，違う集まりを紹介する必要も出てくると思うっていう話を聞きましたね。

たぶんね，そういうことを聞いたので，事件が未解決の人や立場が違う人がいると，比べあいが出てきてしまうので気をつけないといけないなっていうのはありました。集まればいいっていう問題じゃないんだなっていうのは知りました。

③自助グループの変化について

グループを立ち上げるときに勉強したことの中で，先々，たとえば少年事件と成人の事件があるから，そこで思いが違うこともあったりとか，事件直後に十分な支援を受けた人と受けなかった人の違いがあったりとか，もう少し単純に言えば，事件後の経過の年数によって，まだあまり経ってない人と，10年20年経ってきた人の違いとか，会を進めていくと，もしかしたらそのグループの中で，分科会的に小グループで集まった方がいいケースも出てくるかもしれないっていう話は聞いていたので，そんなこともある程度心づもりはしながら，始めてはいました。

現実に，事件直後に警察や民間の支援センターから支援を受けた被害者が参加するようになってくると，そういう支援を受けた受けなかったで，ギャッ

プが出てくるかなっていうのはちょっと覚悟はしたんですね。うん……でまあ，だから……うん……やっぱりそうかなあっていうのもあるし……。

＜事件直後に支援を受けた被害者がグループに参加するにあたって感じること＞

本当は……あの……一番最初に相談した人がずっと長い間話を聞いてくれるのが，一番助かるっていう話を聞いたんですね。だから，たとえば，警察で事件発生時から支援してくれた人がずっと話を聞いてくれる方が，ほんとは楽なんじゃないかと。事件の概要とか，いちばん最初から全部知っててくれて，何回も同じ話をしなくてもいい。事件直後はどうだったとか当時はこうだったよねっていうことを知っていてくれる人は，すごく安心できる人ですよね。

でも，自助グループの集まりっていうのは，初めて会う人もいるわけです。それで，被害者だっていう共通項はあるけれども，それまでの生活史がみんな違うからっていうことは私の中ではすごくあるんです。

だから，本当はもしかすると，その人のことを知っている人一人がいれば十分っていうか，グループに来てみんなに気をつかわなくても，個別で話を聞いてくれる人がいればいいっていうのは，その，根本にあるっていうか。

だから，自分では自助グループの必要性っていうことは，言ってはいるんですけれど，そう言いながら，絶対自助グループに参加したほうがいいというものでは必ずしもないと思っています。誰かが話を聞いて，そこで被害者が話すことで気持ちや考えの整理ができて，今後どうしていこうかっていうことを個別にできるのであれば，別に自助グループの必要性はない……と私は思っていて，逆に同じ被害者の立場であっても背景も違えば生活史も違うグループに来たら，逆に嫌な思いをするケースがあるんじゃないかって思うこともあるんです。

どういう時期に自助グループにかかわるかということで言えば，その被害者が他の人に会いたいって要望したかどうかがすごく大事で，自助グループを紹介してもらってもかまわないけれど，無理矢理押し付けるのではだめですね。でも，そこの自助グループがその被害者にとって一番か，十分かどうかっていうのは，事件直後の支援を受けずに集まっている人とは，絶対違うんだろうなっていうのは，知識のなかではありましたし，それは，直後の支援体制ができ

てきた今だから感じているんですけど。

　だから，今後，個別支援から自助グループへの参加を紹介するのであれば，もし被害者がそれを望まれているのであれば，個別支援が終わる最後のところで会うのではなくて，早い段階から，できるだけ長い期間重なってからの引き継ぎのほうがいいだろうなっていうのは，私は感じています。

④自助グループの今後の役割について

　被害者のすぐ横にはいつも非日常があるんです。それこそ死刑の話であったりとか……なんだろうなあ……命を亡くすっていうことって，非日常なことかなって思うんです。

　でも，遺族は家族を殺されて亡くしたっていう事実が，ほんとにすぐ横にあるので，いつでもその非日常に，それこそ閉じこもって社会生活がおくれないような，そういう時間とか空間にすぐ入り込めちゃうんです。でも現実には，やっぱり，明日仕事に行かなきゃいけないし，ご飯食べて寝なきゃいけない。私はそういう日常と非日常を行ったり来たりしながら，どういうふうに折り合いをつけていくかっていうのがすごくあって，だから，たとえば友だちもほんとうは，理解してくれているかっていうとそうではないだろうし，そこはやっぱり，当事者か当事者でないかっていう最後のところかなとは思うんだけれど，それでもその友だちとの関係も事件直後とは違って，少しずつ話したりして，まあわかってくれたのかどうかよくわからないけれど，でも，向こうもわかろうとしてくれているなっていうことを感じたりとか。

　そういう今までの付き合いもある一方で，自助グループに来れば，いつでも事件の話をしていいよっていう場所がある。非日常のことを話してもいい，非日常に入り込んでもいいっていうか，なんか変な言い方ですけど。

　これもよくある話だけど，友人に事件のことを話すと，まだ言ってるの，またその話って言われることがあっても，自助グループだったら何回言ってもいいっていう……現実をなくしてしまうことも消してしまうこともできないし忘れることもできない，ずっと体の中とか心の中でその事件のことがあるわけだから……そのことと，毎日の生活と，どういうふうに行ったり来たりするかっていうところで，もしかすると自助グループがあると助かることがあるかもし

れないっていう……。
　でも一方で民間の支援センターの支援員の状況を聞いていて思うことは，被害者には長期的な支援が必要なんだけれど，でもだからといって一人の被害者の人生にずっとその支援者が付き合うわけにはいかないので，いつまでも頼ることはできないということを，支援者が知ってなければいけないっていうのは思うんです。
　その支援者の人がずっと一緒に，日々の生活を生きてくれるわけでもない。やっぱり被害者が自分で生きていけるようにしなければいけない。そこでその支援者が，いずれそうするために背中を押すっていうことをわかっていて，少しずつ社会参加を促すようなことをしていかなければならないけれど，支援者のほうも信頼関係を築くまでが大変だからこそ，距離をとっていくのが，自分としても寂しい気持ちがあったり，頼られていることがわかっているからこそ，難しくなってしまう。
　でもほんとうはもう一歩踏み込んで，変な言い方かもしれないけど，勇気をもつ必要が，あるんじゃないかなって。というのは，直接支援を受けているある被害者に紹介されたんですけど，自助グループに参加したいという様子ではなかった。だったら支援者はその被害者ががんばって社会復帰していくように後押しをするべきところを，逆にまた自分のほうに引っ張ってしまっているんじゃないかなあっていうふうに見える場面があったんです。
　事件直後の直接的な支援の状態から，被害者を少しずつ社会復帰させていく，被害者が一度は社会とか人に対して信用をなくしたものを，まだ信頼できる人もいると思えるようにしていくことが必要だし，でもその一方で，たとえば理解の乏しい友人とか，職場とか，近所の中でも，やっぱり，嫌でもこの社会で生きていかなきゃいけないことを自覚して，他の人とコミュニケーションしながら暮らしていくことを念頭において送り出す後押しをする作業をしてもらうのが，その支援者なのかなと思います。
　そういう意味では，たとえば自助グループっていうのは小さなコミュニティだと思ったら，似たような立場かもしれないけれど，でも，被害と一口に言っても全然違うし，思いもさまざまだっていうところを受け入れていかなければいけない。それでだんだんに，犯罪被害に遭うっていうことを理解してくれな

い人とも一緒に社会生活をしていかなければならないっていうところに，帰っていけるのかなあ……そういう意味での自助グループの役割は，あると思うんですけれども．

⑤この十数年の状況を振り返って

　うん，まあ……この十数年で変わってきたのは事件直後や裁判での支援体制で，事件当時それがなかった遺族は，支援を受けられる時間を過ぎているわけですよね．でも，裁判が終わった私たち遺族もけっして支援の必要がなくなった被害者ではなくて，今も現在進行形なんだと言いたい．だから，時間の経過を体験している私たち遺族が，今後どういう問題が起きてくるのかっていうことを，言っていくしかないのかなと．時間が経ってきたらこういう問題が起きて困るよっていうふうに．

　たとえば，やがて加害者が社会復帰してくるとか，ね．社会復帰してきた加害者たちに，復讐することは当然できないし，じゃあ社会の仕組みとして，ちゃんとみんな安全で暮らせるだけのものがあるのかどうかっていうことが大きな不安材料になっている．

　……そういう意味でも，矯正とか更生教育とか，社会復帰の仕組みの問題が，私たちがいま現実に疑問や不安をもっている点なので，私たちが気づいて声をあげることで，その仕組みを変えられるかもしれない，という思いもあるので，やっぱり，もうこれで被害者支援問題十分でしょうっていう片付けかたは，されたくないかなという……気がする．うん……いま現在進行形って言った私たち遺族が生きていくことと同時に，出てくる問題も，これから問題提起していく必要があるんじゃないだろうかなあ……もういいっていうことはやっぱり，ないよなっていう気がしています．

(3) 省　　察

1）若干の補足

　Aさんに語っていただいたこと以上に，筆者から付け加えることはないように思うが，若干の点について補足しておきたい．

自助グループへ参加するにあたって，Aさんは最初，目的が明確に意識されていたわけではなかったという。この点については，近年の，事件直後から支援の手が入る状況とは事情が異なることをふまえておかなければならない。Aさんが被害に遭った当時は公的な支援はほとんどなく，とくに裁判においては，付き添ってくれる支援者もなく，法廷で行われている裁判官・検察・被告弁護人の難解な法律的やりとりについて説明してくれる専門家もなく，「何が起こっているのかよくわからないから教えてほしい」「何か自分にできることはないのか教えてほしい」という思いが非常に強かったのだと想像される。

　犯罪被害者の自助グループ活動では，捜査や裁判に関する情報交換が大きなウェイトを占めており，その部分を媒介にしながら，精神的なつながり，支え合いが生まれていることが知られている（藤崎・西山，2006）。Aさんの場合もそうであるが，最初から直接，精神的なケアが求められていたわけではなかった。遺族が精神的な傷を負い，支援を必要としていることは明らかであるけれども，直接それに向き合うことは，脅威になる場合もある。外傷的体験に圧倒され，無力感と絶望感とを再体験する恐れが感じられるからである。

　したがって，自助グループにおいては，参加者が自分の体験を話したり，他の参加者の話を聞くことが難しいという状況がしばしば起こる。ハーマン（Herman, 1992）は被害者のグループワーク初期においては，過去の体験の恐ろしさと現在の生活にある危険とを語り合うことで，互いに脅かし合う集団になってしまう危険性があるので，個人の発言から一般的な原則が解説される必要があり，積極的・教育的なグループ・リーダーシップと当面の課題を優先するという具体指向性が必要であると言う。

　こうした状況では，グループをサポートする専門家が，ある程度全体に共有できる事柄を提供していくことが重要である。心理教育や法律的な解説，支援制度の説明などその場に応じた「話題提供」が求められる。それは，その内容を提供することの直接の効果でなくとも，犯罪被害についてある程度距離を保って語られることによる安心感にこそ，意味があると考えられる。場の安心感が保証されることで，ようやく被害者が語れるようになるのである。Aさんの自助グループで，最初の頃は専門家が一人で話していたというのは，こうした背景があったと想像される。

2） 自助グループに必要なもの

　自助グループに必要なものは，安全感とつながりの感覚である。だからこそ，互いの違いにも配慮をする必要が出てくるのである。「違い」について配慮を必要とするということは，おそらく犯罪被害者が事件後に感じる強い孤立感と関連があると考えられる。Ａさんが語るように，事件直後は「自分たちだけ」という感覚が非常に強いなかで，「他にも被害者がいたんだ」「自分たちだけではなかったんだ」という安堵感を自助クループのなかで感じることが，事件のショックから立ち直っていく重要な足場になるということを考えると，「違い」を意識することは，またあの孤立感を味わうのではないかという恐れにつながっているように思われるのである。違いを認めながらお互いを気遣うという姿勢と，つながりの感覚とをどのように調整していくかが，工夫のいるところなのであろう。

　また，事件直後に支援を受けた被害者が自助グループに参加する際には，Ａさんが語るように，慎重な配慮が求められる。参加を希望する被害者がどんなニーズをもっているかというアセスメントが欠かせないし，それによって，グループの側の調整も必要になる場合があるからだ。裁判に関係することと，精神的な問題への対処とでは，必要とされるかかわり方が異なる。したがって，自助グループ全体への参加よりも，分科会的な小グループによる集まりのほうが良い場合もあるだろう。

　いずれにしても，Ａさんが語るように，自助グループの位置づけは公的支援のなかった時代から変わってきつつある。事件直後の支援が行われるようになってきたからこそ，「何を求めて集まるのか」という目的が重要になってくるだろう。被害者独自の視点ということで考えれば，公的な支援の手がまだ届いていないところ，すなわち，裁判終了後に起こってくる問題について，対処することが考えられる。

　もう1つ言えることは，事件直後からかかわる支援者は確かに安心できる存在であるけれども，だからといって当事者同士のつながりが不必要になったわけではないということだ。当事者同士でなければなしえない支え合いがある。今回のインタビューではなく別のところでうかがったＡさんの言葉で言えば，「私たちを活かしてもらう」ということになる。当事者同士だからこそできる

ことは何かを支援者が理解し，提供できるものと，必要とされているものとの適切なマッチングができるかどうかが，問われていると言えよう。

3) 事件後の人生

　Aさんも言うように，犯罪被害者遺族にとっては，裁判が終わったら終わり，ではない。加害者の矯正や謝罪・償いの問題，心身に残る事件の影響の問題，さらには刑期を終えて出所してくる加害者の存在など，状況の変化によって被害者遺族の心はさまざまに揺さぶられるし，逆に，何も変化がないことに複雑な葛藤を抱くこともある。その思いは，その時々にあり，不変のものではない。

　したがって，被害者支援には「もういいでしょう」ということはない。一般には，事件が起こり，加害者が逮捕され，刑事裁判が始まって，判決が確定するまでが，犯罪被害の「現在進行形」であるというイメージが強いのではないだろうか。しかし，多くの遺族にとっては，判決が確定してからの人生のほうが，長い場合が多い。「事件後」の人生を生きなければならない酷な現実は，一般にはあまり知られていないのではないだろうか（藤井，2011）。

　「どうしてこんなことに」という答えのない問いを抱えながら，「地獄」と表現されるような苦しみのなかで，亡き人が"生きたこと"と自らが"生きること"とに向き合い，死ぬことも殺すこともできないとわかっていて，なお生きるとき，しばしばご遺族は，「殺された家族ともう一度天国で会ったときに，がんばったねと言ってもらえるように」と話されることがある。亡き人の"いのち"は，そのようにして，遺族の"いのち"を支えている。

　悲しみがなくなることはないけれども，心の安寧がいつか，ご遺族におとずれることを願ってやまない。長時間のインタビューに応じていただいたAさんに，心から感謝をして，この章を閉じたい。

引用文献

新　恵理（2002）．犯罪被害者・遺族のセルフヘルプ・グループの意義とその可能性　コミュニティでの支援ネットワーク構築に向けて　生活教育，**46**（5），35-40.

Herman, J. L. (1992). *Trauma and recovery*. New York: Basic Books.(中井久夫(訳)(1999).心的外傷と回復＜増補版＞　みすず書房)

藤井誠二(2011).アフター・ザ・クライム　犯罪被害者遺族が語る「事件後」のリアル　講談社

藤崎　郁・西山佳奈(2006).交通事故遺族の受ける二次被害の現状とセルフヘルプ・グループの果たす役割　日本看護研究学会雑誌, **29**(1), 89-97.

内閣府政策担当統括官交通安全対策担当(2004).平成15年度交通事故被害者支援事業報告書　交通事故被害者における自助グループ活動の意義について

長井　進(2004).犯罪被害者の心理と支援　ナカニシヤ出版

佐藤志穂子(2001).遺族への支援　宮澤浩一・國松孝次(監修)　講座被害者支援4　被害者学と被害者心理　東京法令出版　pp.174-175.

大久保恵美子(2001).犯罪被害者支援の軌跡―「犯罪被害者心のケア」　少年新聞社

大崎園生(2008).セルフヘルプ・グループ研究の現状と犯罪被害者のセルフヘルプ・グループにおける課題―特に専門職との関わりに焦点をあてて―　愛知学泉大学コミュニティ政策学部紀要, **11**, 127-145.

12

震災後の被災地に心理士としてかかわる機会を得て

中西和紀

(1) はじめに

　2011年3月11日の午後，私は同僚より「何か揺れていませんか？」と声をかけられた。揺れに気づいていなかった私は，その言葉を聞いて大きな船がゆっくりとうねるように揺れていることに気づくことになった。後に同僚の医師はこのときの揺れを「自分が脳卒中を起こしたのかと思った」と語ったが，名古屋にある私の職場は，普段体験する地震とは異質な揺れ方で，とにかく長く揺れていた。その後，心理面接の予約が入っていた病棟の患者さんを訪ねたものの，病棟ホールのテレビに映し出される津波の映像に圧倒され，彼女とともになすすべなく画面を見続けていたことを覚えている。

　後に想像を絶するほどの被害が東北の太平洋岸を中心に出ていることが繰り返し報道された。自分が心理士だからなのか，それとも個人的・性格的な理由からなのかいまだに判然としないが，ただただ放っておけない思いを抱えて震災後の日々を過ごしていた。そのような気持ちを抱えるなか，4月の半ばに勤務先の病院が所属する愛知県精神科病院協会が福島県への精神科支援に関する派遣者の募集を行うことを知った。私はこの募集に飛びついた。そうして私は6月の初旬，発災から3ヶ月たった宮城県南部から福島県北部の沿岸地域を見て回る機会に恵まれた。大学院生だった1995年の阪神淡路大震災のとき，義心から「現場に入って何かしたい」と訴える後輩の思いに当時の私は反対の立場をとったのだが，そのときの自分の判断を苦々しく思い出しながらの福島入りであった。

この6月の派遣から執筆時の10月までの間，合計3回（15日間）福島県に入らせていただいた。この章では心理士として福島で過ごした筆者の体験の中から，いくつかのトピックスについて報告する。なお文中の事例は筆者が当地で経験したことがらを基にした架空のものであり，登場する人物はすべて実在せず，仮名であることをご了承いただきたい。

(2) 避難所で生活する精神障害者とのかかわりから

　私は同僚の医師・看護師・事務職員とともに福島県の太平洋側に位置する浜通りの小都市で，精神科チームとして活動する機会に恵まれた。発災から3ヶ月が過ぎており，物流およびライフラインは回復していたのだが，果たして復旧のための作業が開始されているのかわからないほどに津波の痕はひどい状態のままであった。国道から海岸までの2〜3kmが津波のために何もなく荒野となっている地域があったり，海から随分遠いところであるにもかかわらず漁船が何隻も打ち上げられていたり，糸くずのように丸まったガードレールと恐ろしいほどにつぶれた自動車があちらこちらに転がっていた。浜の近くに建っていた家は，一様に基礎だけを残してなくなっており，戦争のために広範囲に爆撃を受けた地域の映像を見るかのようであった。

　私たちが訪れた時期は，すでに応急仮設住宅が完成しているために引越しが始まっており，翌週には避難所を閉鎖するタイミングであった。私たちのチームは精神科受診歴のある避難所利用者を一人一人訪問し，病状および体調の確認と，外来受診への橋渡しをする業務を行った。季節は夏にさしかかろうというときであり，避難所となっている学校の体育館のドアは大きく開け放たれていた。3畳から6畳ほどの面積をもつ各避難家庭は，腰ほどの高さの薄いベニヤ板で仕切られているだけで，立ち歩いて見回る私たちからプライベートなスペースが丸見えの状態であった。大半の利用者が仕事や引越しのために出払っており，日中の避難所にはほとんど人気がない。体育館脇にある学校の校舎では授業が行われており，子どもたちの歌声や笑い声が聞こえていた。このような環境下で，以前より精神病症状を呈していた小高さんは苦労されていた。

　まだ若い小高さんはおとなしく，話しかけても多くを語らないところがあっ

た。地元の精神科医より処方されている薬はきちんと飲めていること，血圧が少し気になることを訥々と口にされた。しかし二度，三度とお会いするなかで「避難所がつらい。自分は何もしていないのに，子どもたちが大声で"全部知っているぞ"と叫びながら走り回っている。自分には耐えられない。あなたには耐えられますか？ ひどくないですか？」と抑えながらも強い口調で訴えておられた。

　易刺激性の高い精神病圏の患者にとって，周囲からの刺激を遮断することが困難な避難所生活は相当な負担となっていたことであろう。訪問時の体育館は静かだったが，他家族や市の職員との頻繁な接触や，校舎からの喧騒から受ける刺激が，少なからず患者の病状に影響を与えているようだった。小高さんは1週間後に避難所よりもプライバシーを確保しやすい応急仮設住宅に転居することが決まっており，このことだけが明るい材料であった。

　場合によっては一時的な入院治療を選択してもよかったかもしれない。しかし今回の震災では津波被害に加え，原子力災害による立ち入り禁止区域が広範囲に設定された結果，福島県内にある精神科病床の2割が失われていた。入院が必要な状態にある精神科患者は，県央部の中通りにある病院まで1時間以上かけて看護師付き添いのもと救急車で搬送されていた。精神科病院側も非常時のために定員をオーバーして入院を受けていたとはいえ，受け入れ患者数には限界がある。ただでさえ疲弊している患者とその家族にとっても，生活する場所からアクセスの悪い場所で入院することは容易なことではなかったであろう。入院治療を選択しづらかったことが，発災後の福島県の特徴だったように思う。

(3) 被災直後の救援と行方不明者の捜索に加わった住民とのかかわりから

　避難所に身を寄せる精神科患者への戸別訪問のほかにも，いくつかの業務を担当する機会があった。その1つに，主に津波による被害者の救援および遺体の収容に携わった住民に対するメンタルヘルス相談があった。救援・捜索・収容作業（以下，活動と記す）に加わった全員を対象としたメンタルヘルス相談に，精神科医1名，心理士1名がペアとなって対応した。

津波による大きな被害のあった地域だけに，活動に従事された方々が体験した内容は，肉体的にも精神的にもハードなものであった。地震発生後に沿岸部へ救援に出向いたところで車ごと津波にのまれ，いったんは水に流されたもののトラックの荷台によじ登って九死に一生を得た方，発災以降緊急招集された状態が長く続き，自宅が被災しているにもかかわらず1週間以上帰宅することができなかった方，自分の子どもと同じ年格好の遺体を収容するのに涙が止まらなかった方，農業および漁業を兼業しておられ，津波と原発の影響によって経済的に大きな損害を受けられた方，そして原子力災害によって生きていく糧を失い，自ら命を絶った住民の壮絶な遺体を確認に行った方……お話をうかがった方のほぼすべてが心理的に大きな負荷のかかる活動を経験されていた。

　ただ発災から3ヶ月経っていたためか，心理的な動揺が遷延化している方は少なく，不眠などの症状に苦しんでおられる方もそれほど多くなかった。活動にあたられた方にとって，この任務を命じられた時点でハードな活動に携わることは覚悟済みのことだったのかもしれない。そのため情緒面で負荷のかかる活動に対する心の準備が当初よりなされていたことが，動揺を遠ざけているのかもしれない。また活動を遂行するという強い責任感が彼らの心の支えとして機能していたのかもしれない。

　その一方でご自身のことを深く責めておられる方のお話をうかがう機会もあった。30代後半の原さんは，発災当時，東京で開かれていた研修会に出席しておられた。東京で震度5強の揺れを経験した原さんは，間もなく地元に深刻な被害が出ていることを知る。交通および通信インフラが大きく障害されていたために，地元の情報がなかなか手に入らず，また帰るにも帰れない状態が4日続き，何とか地元に戻ってきたのは発災から5日目になる3月15日の夜だったという。

　自宅にたどり着いた翌日より捜索業務に携わった原さんは，その数日後より悪夢に苦しめられるようになる。東京で目にした津波のテレビ映像が繰り返し夢にあらわれ，飛び起きてしまうことが続いた。発災から3ヶ月が過ぎていた相談時にも，この症状のためにしばしば中途覚醒[1]されていた。さらに日中に

---

1) 朝起きるまで何度も目が覚めること。

は「出張に行かずに地元に残っていたら，救えた命があったのではないか」「いまだ見つからない行方不明者のことを考えると申し訳なさでいっぱいになる」といった思いが頻繁に頭をよぎり，苦しくなるとのことだった。

　原さんに対し，私たちのチームは医師による共感的な助言と睡眠薬の処方，そして原さんが苦しんでおられることをご本人の同意を得て職場の上司に連絡し，彼が適切な医療にアクセスできるように道を作る手伝いを行った。本来であれば継続してかかわることが望ましい状態であったが，私たちにはこれ以上かかわりをもつ時間はなかった。心残りだった私たちのチームは，業務終了後も原さんの症状理解についてひとしきり話し合った。

　本来であれば，未曾有の災害の最前線でベテラン級の戦力として活躍するはずだった原さんにとって，自ら火事場にいられなかったことは戦友である同僚に対して，そして自分が生活する共同体にある被災者に対して，顔向けできないほどの罪悪感と後悔を覚えるものだったのではないだろうか。原さんにとって東京で過ごした数日間は，戦力として穴を空けてしまった自分の至らなさ，戦場に戻りたくても戻れない歯がゆさ，被災して死にかけているかもしれない同僚や地元の人々に何もできないことにより，ご自身に向けた怒りや無力感で一杯になっておられたことであろう。

　このような思いを抱えた原さんだからこそ，東京の地でテレビの報道から現地の情報を全力で得ようとされたのではなかったか。ご自身の生活と無関係な地の映像であれば適度に距離をおいて接することができたかもしれないが，心に防壁を設けることなく取り入れた凄惨な映像にさらされた結果，後に夢でテレビの津波映像を繰り返し見るようになったのではないか。さらに地元に戻った原さんは，自分の不在のために失ってしまったいくつもの穴を埋めようと必死に活動された。他の同僚たちは活動から受ける情緒的に負荷のかかる強い刺激を緩和するために，体験から適度に距離を取って活動することに罪悪感は小さかったであろう。しかし，地元を留守にしたことで空けてしまった穴を埋める使命を自らに課していた原さんの場合，むしろ積極的に近い距離で同僚や被災者，ご遺体と接し，その距離を詰めようとされたのではなかったか。遠く離れた地にあったために障害されていた同僚および地元に対する一体感 twinship[2]（Kohut, 1984 本城他訳 1995）を回復するために，そして原さんご自

身が強く意識されたであろう周囲との温度差を 0 にするために，ご自身の心理的な平衡を崩すほどのエネルギーでもがいておられたのだろう。その結果，地元・同僚・被災者・亡くなられた方への過度な同一化が生じ，原さんは疲弊してしまわれたのではなかったか。おそらく原さんはこの先も現場を離れていたご自身を責め続けられることだろう。彼の無念さを十分に理解する同僚に恵まれることを祈るばかりである。

(4) 津波でご家族を亡くされた女性とのかかわりから

　心理士として被災地に入っていたために，相談者のニーズに合わせて個別に時間を設ける機会もあった。個別相談の依頼件数は決して多くなかったが，お会いする方々のほぼすべてが大切な誰かを亡くされ，それまでに築き上げてきた何かを失っておられた。

　60代の中村さんはご自宅の2階で津波に襲われた。津波は自宅1階の一部を破壊したものの，中村さんご本人に怪我はなかった。しかし中村さんの息子の妻と，卒業式のためにいつもより早く帰宅していた小学生の孫娘は津波にのまれ，それぞれ数日後に遺体となって発見された。

　中村さんの要望を受けて私が避難所を訪れた時，彼女は不在であった。彼女が生活しているスペースをのぞくと，孫娘の作品と思われる習字と絵が間仕切りの板に粘着テープで留められていた。中村さんはここで夫と生き残った幼稚園児の孫と3人で生活しておられ，孫の父親である彼女の息子は震災後に地元を離れ，川崎で働いているとのことだった。

　しばらくして避難所に戻ってこられた中村さんは，想像していたよりもはるかに明るくエネルギッシュな様子で私に挨拶をされた。「わざわざすみません。あと1週間で避難所が閉鎖されてしまうので，いろいろと支度がたいへんで…今も自宅を見てきたのです。自宅は半壊しているのに"十分住めるから戻る"と夫がいうのです」と笑顔で話し始めるのだった。私たち二人は避難所を統括

---

2) 自分は本質的に他者と似ているという体験。安定した自分を体験するうえでとても重要な要素のひとつ。

する市の職員に案内していただき，プライバシーを保ちやすい体育館の放送室に場を移して話をうかがった。

　個室に入った中村さんは「でも自宅は怖いのです。ほら，また来るでしょ。家は海岸に近くて，道一本はさんだ向こう側は大半の建物が流されてしまっているのです。電気も止まったままだから，夜は本当に真っ暗なのです。私は車を運転できないので，そんなときに来られたら残された小さな孫を連れて逃げ切れない」と語られた。「また来る」ものが何なのか。はじめはぼんやりとして私には何が来るのかわからなかったのだが，その対象を説明する必要もない自明のものとして話を進める中村さんの危機感に気圧された私は，それが"津波"以外の何物でもないことに突きつけられ，圧倒されてしまった。中村さんにとって津波は再び彼女を襲う既定の事実であり，現在進行形の恐ろしい体験のようであった。

　そしてそれまでしっかりと話しておられた中村さんは泣き崩れて「嫁と孫娘をいっぺんに二人も失ってしまって……1階にいた孫娘は私の手で助けることができたはずなのに……いつも"ばあちゃん，ばあちゃん"私の裾をつまんでいた子だった……息子は再婚だったのだけれど，本当によいお嫁さんで……」と声を絞り出して話された。深く広範に傷ついた中村さんの体験に触れ，話を聞く私は涙を止めることができなかった。積極的に共感しようとしていたわけではなかったにもかかわらず，面接内でこれほど簡単に涙がこぼれるのは治療者になってから初めての経験であった。

　しかし話していくなかで中村さんの情緒状態は決してつらく苦しいものだけではなくなるのだった。「遺体が見つかって，しばらくの間は何もできなかった……残されたもう一人の孫の手前，しっかりしなければならないのはわかっていたのですが……それでもダメでね……でもやっとここ数週ですか，遺留品の集積所に顔を出すことができるようになりました。それまではそこに近寄ることも怖かったのですが…何度目に訪れたときだったかしら……孫娘が背負っていたランドセルが見つかったときは本当に嬉しかった……」と少し笑顔を交えて語られた。しかし再びすぐに「ランドセル……一晩中抱きしめて泣きました……」と嗚咽交じりに涙をこぼされた。しかし数十秒の沈黙に続き「でも友だちが励ましてくれてね。ありがたいなと思うのです。しっかりしなくてはと。

それでもう一度遺留品を見に行ったり，自宅を見に行ったりして。いい友だちをもったってしみじみ思います」と笑顔を見せるのだった。その後も「本心としては海の見えるところに住みたくない。宇治の古い友だちが"こっちに来い"と勧めてくれるから，本当はそちらに行きたい。でも夫がどうしてもというので……孫も幼稚園から帰って来れば自宅にいるのだから，しっかりしなければならないのはわかっているのだけれど……昼間一人でいることに耐えられる自信がない……」と苦しそうに語られたかと思うと，再び次の話題で穏やかになられるといった具合に，情緒的な振幅がとても大きく変動するのだった。

　この中村さんの情緒的な特徴は，一見すると不安定な自我状態であるとか，自己感が障害された状態[3]と言えるものであろう。しかしながら私には，中村さんが示した情緒の揺れは異常なものではなく，むしろ彼女が本来もっている健康さの表れだったように感じられる。外傷体験によってひどく障害された中村さんの自己感は，私がお会いしたときにはいくらか回復しており，その結果現実の生活を回していけるだけの安定を取り戻しておられた。中村さんの自己は，面接の中で彼女が示した不安定な側に定常状態が存在するわけではなく，心の安定を回復する方向にオーガナイズされていたものと思われる。再び安定を取り戻そうと持続的に動機づけられている自己に対し，外傷体験由来の苦しい記憶が割り込むことで，中村さんの情緒の安定が崩れ，間歇的に不安定な自己が前面に表れるようであった。もし彼女の健康度がさらに低いものであったならば，安定を回復することもままならず，恒常的に重篤なうつ症状を呈することになるだろう。PTSD[4]患者が示す大きな情緒の揺れは，病的なサインというよりも，自己の安定を再獲得する過程で生じる懸命の努力と考えるべきもののように感じた。

　もう一点，中村さんと私のあいだに生じた問題について考察したい。お話をうかがいはじめた当初より二者のあいだに流れていた関係性は，人格障害の患

　3）精神分析用語。心理的な混乱のために，通常の力が発揮できず，自分を安定した存在として体験できない状態。
　4）心理的に強いストレスを受けた後に十分な時間が経過してもなおストレスから回復できずに苦しんでいる状態。心的外傷後ストレス障害。

者と接するときに生ずるような，二者間の境界が曖昧なものであった。通常の面接であれば患者さんが語る内容は治療者である私の体験ではなく，患者さんのものとして，距離をもって聞くことができている。しかし中村さんのお話をうかがう私には，彼女の語る内容が私とは別の身に生じた出来事であると体験することが難しかった。普段の面接のように話し手との間に心理的距離を置くことができなかった私は，気づかぬままに通常の倍である 90 分間を面接に費やしていた。

　この特殊な二者関係は，次のような理由によって生じていたのではないだろうか。ある程度自他の分化を達成した心理的発達段階にある二者の場合，双方向になされるコミュニケーションは本質的に他者配慮的な側面をもち，かつ進行するコミュニケーションの内容に応じて双方が話題や自身の体験を臨機応変に変化させる柔軟性をもつであろう。言い換えると「私は目の前の A 氏が自分とは異なる存在であることを知っている。そのため私が体験した内容を共有してもらうためには，私からの説明が必要である。私の説明の中で不十分な部分があれば私の方からそのことに気づくか，A 氏に質問してもらうなどして情報を補う努力が双方に必要である（他者配慮的側面）。このようにして事実が共有されたからといって，必ずしも私の体験が A 氏から支持されるものでもないし，支持されないからといって私と A 氏のどちらかに非があるとか，私たちがうまくいっていないわけでもない（双方の境界が適度に分化し，独立した自己感を有する側面）。また二人の間でなされているコミュニケーションの過程から，双方がそれまで気づいていなかった点に新たに心がおよぶ場合もあり，この話題について話す前とは少しだけ違ったものの見方を私たちはしているかもしれない（コミュニケーションを通して臨機応変に体験が変化する側面）」といった思考が意識にのぼらずとも，コミュニケーションのバックグラウンドに流れていることであろう。

　おそらく震災前の中村さんは，このようなコミュニケーションスタイルをとることができる方だったのであろうし，お話をうかがった時点であっても被災時のことに話題がおよばない限りにおいてそれほど問題を示さない可能性すらあるだろう。しかし PTSD を発症するに至った津波による外傷体験への暴露は，中村さんの心に相当の負荷をかけたはずである。平時，安定的かつ穏やかに体

験されている自己感は，死と隣り合わせにさせた津波と，胸を引き裂かんばかりの近親者の死という圧倒的かつ否応ない刺激の流入によって重篤に障害されてしまった。少しの判断の狂いが死につながる体験，愛する近親者が亡くなってしまった事実，現実に直面することで激しく湧き起こる逃げることのできない悲嘆と後悔に裏打ちされた中村さんの経験は，平時のコミュニケーションのように自身の体験の妥当性に思いを巡らせる余地のないものと言えよう。中村さんがされた体験は「私は自分が体験したことをとてもつらいものと感じたけれど，ほかの人から見たらどのように映るのだろう」などと，聞き手の理解度や情緒状態を吟味する余裕を彼女に与えるものではなかった。津波により孫たちが命を落とした事実は，聞き手である私とともにその妥当性を検討する余地を含むような甘いものではなく，かつその事実は今もなお圧倒的な力で中村さんの心を悲しみに叩き落としているのである。

　中村さんは，ことこの話題について自己感の安定を妨げかねない"彼女とは別の意思"をもった他者とコミュニケートするニードをもち合わせていなかったのであろう。再び安定を獲得するために，ただひたすらご自身の体験を繰り返し語ることでその妥当性を確認し，世界および生の連続性に対する不確実感を払拭し，心をかき乱さない他者とつながる体験を利用しながら外傷体験をミクロの単位で遠ざけていたのではないだろうか。もしもこの時，聞き手である私が中村さんのエネルギーに抗い，彼女とまったく別個の人格をもつ存在として冷静かつ状況分析的に話をうかがっていたとしたら，彼女は何を体験したであろうか。内的に激しく揺れている中村さんと対照的に，彼女からの影響をほとんど受けることなく安定的な自己感を維持する私の存在は，彼女の体験の妥当性を傷つけ，自身の弱さや自分と他者の本質的な違いを不用意に意識させ，深刻な抑うつに彼女を追いやることになったかもしれない。こうした危険性を避けようとする死に物狂いの彼女の状態が，私との間で生じた特殊な関係につながったのではないかと思われる。ご自身の体験の妥当性を一顧だに疑わない中村さんのあり方に接したことで，私の側でも自動的かつ即座に彼女の体験は吟味する余地のない絶対的なものと受け止めたのではなかっただろうか。その結果，彼女とは別の存在として彼女の体験を理解および検討する私側の機能が休眠し，彼女の情緒的体験と同質のものが私の中に湧き起ったのかもしれない。

(5) おわりに

　福島では本当にさまざまな出会いに恵まれた。被災した浜通りの精神科医療のために毎日中通りから現地で指揮を執っておられた医大看護科の教員，勤務先の精神科病院が原発近辺に立地していたために閉院となり，新たに地域での医療活動にあたっておられた看護師と心理士，そして同じく原発から30km圏に立地していたために別地域でサテライト校を運営しておられた県立高校教諭の方々。彼らは自らが被災者でありながらも傷ついた患者や生徒たちのケアに心を砕いておられた。彼らより学んだことは，心理士としてだけでなく，人としての私に大きな影響を与えた。

　ただやはりこの先の彼らと被災者の方々の生活は気がかりである。比較的放射線量の高い中通りのある小学校では，積算で放射線量を計測するガラスバッジを児童全員が首から下げて生活していた。そのストラップに印字された"がんばろう日本"の文字を目にし，小さな彼らに頑張らせている今の状況をたいへん複雑に思った。

　私との話を終えた中村さんは，再び元気に幼稚園から帰ってきたお孫さんのもとに戻って行かれた。尊敬すべき彼女らの雄々しさを前に，この先も被災地への関心を失わずにいたいと思っている。

引用文献

Kohut, H. (1984). *How does analysis cure?* Chicago & London: The University of Chicago Press. (本城秀次・笠原　嘉 (監訳) (1995) 自己の治癒　みすず書房)

13

変わっていくものと変わらないもの
―自閉症スペクトラム障害の青年・成人の支援から―

辻井正次

(1) はじめに―変わっていくものと変わらないもの―

　名古屋大学において発達障害や重度重複障害の問題と出会えたのは，この本の著者たちにとっての運命であって，それは私自身も共有し続けている．しかし，この本の他の著者たちと私は現在は異なる方向を向いて歩いていると感じている．そうした意味で，この章は他の章と異質な部分を含むことをお許しいただきたい．若い頃，精神分析的なオリエンテーションで研修を受け，フロイト派の教育分析も終え，個人の研鑽としての意義を大きく感じた一方で，社会の中で，本当に支援に必要な人に支援を届けるためには，精神力動的なアプローチは最初に必要なもの（ファースト・チョイス）ではないということも確信するようになった．提供される支援の優先順位を間違えることは支援サービスの受け手（ユーザー）を不幸にさせる．自分に何ができるかだけではなく，支援の受け手にとって何が必要なのかを考えることが今の私にとって最も大事な視点である．

　近年，生物学的精神医学や脳科学の進歩の中で，発達障害に対する科学的理解は飛躍的に進んでいる．とくに21世紀に入ってからの進歩は著しく，四半世紀前に学んでいた当時の知識の中で，現在もなお役に立つ知見はほんのわずかなものである．大学や大学院で学んだことの多くは，間違いであったことが明らかになり，学問的なパラダイムの革新過程の中で，自分たちの学んできたことをどのように位置づけ直していくのかは大きな課題である．亡き恩師への尊敬の念が変わるわけではないが，科学として考えたときに，その当時学んだ

知識は時代遅れとなっていることを踏まえて、その臨床魂をどう次の世代の育成に役立たせるかというのは大きな課題である。

(2) "いのち"と向き合うこと・"こころ"を感じることの限界と変わりゆく時代・社会の中で必要なこと

　大学という場所は、そこに住む大学人にとっては拠点となる場所であっても、心理臨床の利用者（ユーザー）にとっては、たまに通う場所である。古典的な「治る」モデルでの心理臨床の場合は、たまに通う場所でなされたことを取り出して、そこでの意味を問うていくことになる。しかし、発達障害など、生まれながらの生物学的な脆弱性を抱えている場合、たまに通う場所での効果や意味を云々する以前に、地域で生活していかなければならない。そして、生活していくうえで、必要な支援が整うかどうかが重要なのだが、わが国においては、それはいまだに十分ではない。"いのち"と向き合うこと・"こころ"を感じることよりも、生まれ育った地域の中で、いろいろな人たちとつながって、充実した人生を生きていくことが重要になる。社会の仕組みが、そもそも、地域で生きていけるための基盤整備ができているならともかく、そうでないのなら、通う場所で専門家が「"いのち"と向き合うこと・"こころ"を感じること」を大事にしようと思っても、それは専門家のとても独りよがりな立ち居地での物言いであって、ユーザーのためのものではない。専門家として生きていくのであれば、少なくとも支援のユーザーの利益を最初に考えていくべきであって、そうした努力が必要であることを考えると、心理臨床の専門家は本当に不十分な取り組みしかしてこなかった。後述するように、発達障害については一定の進歩があったものの、いまだに難病の人たちや高次脳機能障害の人たちは支援のための法的な根拠を得られず、困難な状況のなかでかなり多くの支援を必要としている人が存在する。変わりゆく時代と社会の中で、少なくとも従来の心理臨床の立ち居地で障害ある人たちとともにある（つもりでいる）ことには、支援者本人たちの自己満足以上の価値はないのであろうと切実に思う。

　社会の中での専門家の役割は、目の前にいる支援を求める人（ユーザー）のことだけを考えればいいのではない。そもそも症状的にも大変で改善しにくい

状況にある人の多くは，環境的には恵まれない。そして，病院であれ大学の相談室であれ，そこまで通うためには，少なくとも周囲の理解と協力が必要である。理解があって協力してくれる家族がいて，それで相談の場に来ることができている。理解と協力のない環境の中では，相談には来ることはない。二次的な重篤な精神疾患を合併するか，触法行為を犯して司法や矯正の場に至ってしか支援に至らないようでは，関連する領域の専門家が十分な役割を果たしているとは言えない。わが国はいまだにその状況にある。いちばん深刻な困った状況にある，いちばん心理臨床家の支援を求めている人は，実は自分で相談には来ない。

　それでも，わが国に住んでいれば，その人がどこに住んでいようとも，相談・支援につながるためには，専門家は「研究」という枠組みで，困っている人たちの困っている状況（支援ニーズ）を客観的に，つまり，誰がその方法で把握しようとも同じように把握できるツールや方法論を開発し，社会的な制度に組み込むことで実現するようにしなくてはならない。そこでは，専門家が「"いのち"と向き合うこと・"こころ"を感じること」を魂としてもつことは良しとしても，技術としては，感じ取るのではなく客観的に測定できるようにすることを目指さなければならない。心理臨床は，客観的に把握できないわけではなく，ある部分は明確に測定できる。そして，測定できることで，本当に困っている人に支援を提供できることになる。測定し残した部分があるから客観的な測定に意味がないわけではない。実際は，研究者として誰もが利用できる知識や技術を開発していく専門性と，実際にそうした知識や技術を活用してプロフェッショナルに支援サービスを提供していく専門性の両方をバランスよく担い，相互にそれらの新しい知識・技術を共有していくことが求められるのであろう。

　「"いのち"と向き合うこと・"こころ"を感じること」は臨床家の姿勢である以上，それが何の目的のためになされることなのかを考えておく必要がある。知識が新たになり，技術が革新されていき，あるものは古くなって時代の中に埋もれていく。ベテランの心理臨床家が若手にスーパーヴィジョンするというモデルだけではなく，新しい支援の技術が生まれていくことで，進歩がなされるのであろう。心理臨床が宗教ではない以上，新しい知識と支援技術をもたない先達に学ぶべきことはない。伝えられる技術がなくなった段階で引退をする

のが世の定めである。が、一方で、真摯に支援を求める人に向き合う態度、本書での、「"いのち"と向き合うこと・"こころ"を感じること」を、どう共有し、さらに深めていくのかは考えさせられるところである。

(3) 大学を出て街で支援をする・社会を良くするために仕事をすること

　1943年に米国でレオ・カナー（Kanner, L.）が小児自閉症をはじめて報告し、続いてハンス・アスペルガー（Asperger, H.）がウィーンで小児の自閉性精神病質を報告してから、わが国で最初の自閉症の症例が報告されたのはその9年後、1952年である。名古屋大学の鷲見たえ子氏が第一症例を報告され、その第一症例の方の壮年期の姿を私も学生時代に垣間見たことがある。名古屋はわが国の発達障害臨床の出発の場所である。

　私が、自閉症などの広汎性発達障害の人たちの臨床に本格的に取り組むようになったのは、1992年である。当時、名古屋大学精神科にいた杉山登志郎氏が学習障害に関する取材を受けたことで、128人の子どもたちが杉山氏の外来を訪れ、その中で半数を占めていた自閉症スペクトラム、中でも高機能広汎性発達障害の子どもたちを対象にした、子どもたちの支援グループの運営代表者をするようになったのがきっかけであった。11人からスタートした高機能広汎性発達障害のグループの参加者は3年後には100人に達し、岐阜聖徳学園大学という私の前の職場での大きなイベントとして行われた。その後、私が、現在の中京大学に移る段階で、2000年に家族会が主体となり、支援グループを運営する現在の地域発達支援システムの形態になった。それが、アスペ・エルデの会である。つまり、大学を出て街に出た。

　アスペ・エルデの会は、わが国においてはユニークな存在である。東海地区の当事者団体（親の会）であるとともに、専門家たちの研究プロジェクトでもあり、エリアの10以上の大学から集まった大学生たちの総勢150人以上の参加者からなるボランティア・スクールを常時もち、人材を育成し、また専門家を育てている。また、専門情報誌を発行し、関係団体のネットワークである日本発達障害ネットワークにも参加し、政策提案や施策提案などを積極的に行

ってきている。血液バンクをもち，生物学的精神医学研究などの基礎的な研究にも取り組みつつ，実際の発達障害のある子どもや青年の発達過程の特徴や実際の困る問題についてまとめていった。実際に発達障害のある人の大変さやユニークさを具体的に説明できるように，データとして取りまとめ，当時，実態を明らかに素描することができていなかった，高機能広汎性発達障害の臨床心理学的な諸特徴を国内論文に著した。それから，そうした実態把握に基づいて，実際の発達障害のある本人の家族や本人の支援について新しい支援のメニューを開発し，実際に支援の成果について有効性を検討していく取り組みをしていこうとしている。

　実際の支援は私たち統括ディレクターが全体の方向性やメニューを決め，各地区の担当ディレクターたちが手分けして，子どもたちに必要な支援のプログラムを作成していく。ディレクターたちは，他に仕事をもちながら，共同研究の枠組みで役割を担っている。ディレクターの多くは，自分自身が大学生時代にボランティア・スクールに参加し，指導を受け，その後，専門教育を大学院等で受けて専門家の道を歩んでいる。当事者が運営主体となって地域のNPOで人を育てるというビジョンの中，ユニークな試みがなされている。当事者家族が，どこかに通って支援「してもらわないと当事者・家族には何もできない」と誤解をもち，「専門家が何もしてくれない」と不満を言うだけではなく，実際にこのように，子どもたちのための支援を構築するのは可能であることを示している。常にいろいろな課題もあるし，修正も積み重ねていかなければならないが，それでも子どもたちのためのオーダーメイドの支援をするために，必要な支援のメニューをそろえることに向けて取り組みを続けている。

　アスペ・エルデの会が東海地区での地域支援グループに移行した2000年に，大きな事件が起こった。その事件は「豊川事件」と呼ばれている。アスペ・エルデの会が小さな支援グループ（支部）をもっていた東三河地区において，高校生が主婦を殺害し，「人を殺してみたかった」というコメントを残した事件である。精神鑑定によって，少年は，アスペルガー症候群と診断され，その精神鑑定結果が地元新聞のトップを飾った。この事件が，わが国にアスペルガー症候群という名前を広める最初のタイミングであった。この報道は，自閉症の子

(3) 大学を出て街で支援をする・社会を良くするために仕事をすること　157

どもの家族には大きな衝撃を与えた．ある受身的でおとなしい少女は友人たちから遊んでもらえなくなった．理由は「あの子はアスペルガー症候群だから危ないから遊んではいけない」という完全な誤解からであった．無知な報道は大きな誤解を生んでいた．こうした経過を，地域での当事者活動を支援する国会議員に報告したところ，国に報告し検討すべきだという助言を受け，当時の政権与党本部で厚労省や文科省と意見交換したのが最初の政策提案であった．その後，そこでの意見交換のなかで，厚労省から自閉症・発達障害支援センター（現在の自閉症の人たちの支援の中核機関）の提案があり，国内のすべての都道府県と政令指定都市に設置されることになっていった．残念ながら，その後も広汎性発達障害の少年たちが加害者となる殺人事件が相次ぐなか，彼らの多くが未診断未治療で，広汎性発達障害に特化した支援を受けてこなかった人たちであったことが注目されるようになり，国レベルでの早期からの支援の必要性が指摘されるようになった．それから，国会議員の有志たちが，自閉症や発達障害の支援のための法律を作ろうという動きが出てきて，専門家の検討会が設置され，専門家の関与ももちつつ，「発達障害者支援法」という法律が生まれ，2004年12月3日が，わが国において自閉症などの発達障害が正式にその存在を認められた記念日となった．こうして，公認されることで，やっと本格的に発達障害児者支援が進むことになった．臨床家が大学にこもって臨床をしていても，当事者・家族が現実に地域で生活していくためには，何の進展も提供できないわけで，変化していく社会と交差する場所で役割を果たすことで，本当の意味での専門家の役割を果たすことができるのだと知ることができた．

　やっと公認された自閉症などの発達障害だが，障害者福祉サービスの法体系の改訂のタイミングがずれ，障害者福祉サービスの対象としては明確に位置づけられない状態が続いた．そのために，市町村レベルでは支援サービスが受けられない自閉症者がいた．やっと2010年12月3日に障害者自立支援法の改正法の中で，発達障害者支援法がその根拠となり，自閉症などの発達障害が障害者支援サービスの対象として明記され，それらの結果，障害者福祉サービスの対象として，障害者手帳（精神障害者保健福祉手帳）を申請することや，障害による生活補償のための障害者年金を申請することが容易になった．当事者や関係者が声を出していくことによって，法律を作り，社会の枠組みの中に，自

閉症などの発達障害の人たちがいるという，あたり前の事実を社会に共有させたことになる。まだ，教育法規の中に自閉症が明記されていないなど，実際の特別支援教育の中での進歩がありながらも未整備な部分があったり，障害者雇用促進法にも明記されていなかったりするなど，残された課題もある。わが国が法治国家である以上，法律に書いていないことは存在しないことを意味しており，それが存在することを公認させるためには，専門家がまとめた科学的根拠（エビデンス）が必要である。心理臨床家の取り組みには，相談室内に限定されるものでもなく，研究という立ち居地でも価値ある仕事があるし，行政サービスの立ち居地でも価値ある仕事があるし，ロビー活動の立ち居地でも価値ある仕事がある。心理臨床家の守備範囲をあまりに小さくすることは，臨床家自身の仕事を自己満足に終わらせるだけではなく，本当に困っている人への支援を途絶えさせることになりかねないことを知っておく必要がある。

(4) 生きにくさを抱える青年たちの存在を知る
―自閉症スペクトラム青年・成人の実態―

いろいろな心の問題，たとえば，不登校，引きこもり，ホームレス，累犯障害者など，社会問題の背景に発達障害があることが認識されるようになってきたのは，本当にここ数年のことである。今回は詳しくは触れないが，大規模コホート研究の統括の役割もしていて思うのだが，とくに小学校年代からの不登校に関しても，発達障害などの生物学的な基盤の脆弱性をもたない，心因論で説明のつく症例などが存在するのか疑問に思うようになっている。一過性で症状形成がなされることと，長期的に問題が残ることとは別で，特性としてのうまくいきにくさがある場合に，学校場面でどのように行動すればいいのかのスキルがわからない場合に問題が生じ続けている。問題行動を示す子どもの多くは，幼児期段階から何らかの苦手さを把握されていた子どもである。苦手なものに対して，どうやれば何とかうまくいく行動になるかの＜コツ＞を身につけるような教育的指導の方が，優先的に必要とされるものである。

現在，成人期で支援を求めている広汎性発達障害の人たちの多くは，思春期

(4) 生きにくさを抱える青年たちの存在を知る　159

以降に診断を受けている人たちである。近年，本当にたくさんの当事者の方たちが手記を出しており，それらを読んでも，成人の方たちの多くは，早期に診断を受け，支援を継続されてきたわけではない。自分の障害に気がつかず，また，両親も気がつかないなか，さまざまな二次的な問題が生じる。自閉症スペクトラムであるということは，周囲や社会の文化に「自然に気がつき，合わせることができる」という，社会性の能力の発達が遅れることを意味する。そのため，こだわりが非常に強固に生じていたり，外傷的な経験の積み重ねのなかで特定の刺激から過去の体験を想起してはフラッシュバックに陥ったり，他者の言葉に被害的に感じたり，他者が合わせてくれていることに無自覚で相手を傷つけたり……といったことが起こりやすくなる。こうしたやりとりのなかでのズレは非常に頻繁に生じ，受け入れられるグループ経験をしたことがないと，なかなか実際に支援を受けることが容易ではなく，すぐに，他者から拒否されたように感じたりして，ヘルプを求めることも難しくなる。

　2006〜2010年に（独）福祉医療機構の助成を受けて，全国40箇所以上で成人期の高機能広汎性発達障害の当事者と家族を対象としたワークショップを実施してきた。その中で100人以上の当事者の方たちと300人以上の家族の方たちとのグループ・ワークを実施してきた。いくつかの構成的なエクササイズを入れたが，一般的な対象で行う場合に比べて，「自分の良いところ」が浮かばない人が多かった。社会性の障害があると，日本の伝統的な子育てで（具体的にどうすべきか明示されないまま，場や文脈を読んでできることを期待され），「普通に」期待される育て方をされたところで，それがずっとわからないのが広汎性発達障害ということでもあるわけで，すると，できなくて叱られることばかりが続くことになっていた。また，自分の課題となる部分，困っていることを，自分自身の何とかできる部分に見つけることが苦手な人もあった。感情理解のエクササイズでも，楽しい感情体験や安らぐ体験が浮かばない方がいた。さらに，考えさせられたのは，感情体験が，良い感情体験と悪い感情体験以降の，細かく分けていく部分が認知できていない（丁寧に教わってきていない）方がいたことであった。感情体験，体験した感情の表出の仕方など，日本の伝統的な子育てのなかではわざわざ教えられない内容があるということを改めて考えさせられた。悲しい感情があると，テンションもダウンするのが一般的だ

が，これも身体に起こってきている感情と，（文化で一般的に使用されている）感情のラベルをうまく合わせ，かつ起こった出来事を悲しく体験したことを表出するようなことでないと，テンションが上がって，他者からすると怒っているようにしか見えない人もいた。さらに，身体感覚のテンションを和らげるという発想そのものがなくて，力の抜き方がわからない方がいた。身体感覚が鋭敏でテンションが上がりやすかったり，逆に身体感覚が鈍くてわからなかったりすることで，一般的以上にうまくいっていない場合が少なくない。日本の伝統的な子育てでは，「がんばれ」を教えても，「ここは力を抜きなさい」は教えないので，力の入りすぎか，力を抜くとダラダラ見えるかであることも少なくない。

　さらに，二次障害での精神疾患の合併の結果，深刻な状態にある人が非常に多くあった。実際に地域で医療ケアの中で適切な対応が受けられていない場合が少なくなかった。今までの良くない体験の積み重ねのせいで，他者からの対応に対して，被害的なスタンスに立ってしまって，排除されたとか，拒否されたとか，感じやすい方が多かった。そのせいで，必要な支援を受け損なったり，必要なヘルプ要請を出せなかったりすることが多いようであった。どこかに相談するときに，どう相談すればいいかというのがわからなくて，そのために相談できないということがあるようであった。相談窓口が，相談する人が被害的なスタンスになっていて，相談しにくい状態なんだということをよくよく把握しておかないと，まずは最初の一歩が踏み出しにくいのであろう。

　成人期セミナーで考えさせられたことは，こうしたワークショップに種々の事情で出て来られない当事者の方々がたくさんおり，年老いたご家族が抱え込むような形で対応に苦慮しておられる姿であった。発達障害者支援法が施行されたとはいえ，施行以前の社会全体の無策，関係者の理解不足などのつけはとても大きい。多くの60歳代後半から70歳代のご両親がセミナーに参加されていた。その中の何人かは真剣に親子心中を考えたことがあると語っておられた。自分たちが死んだ後のことを考えると，ということであった。成人期の支援を考える場合，幼少期からの支援の積み上げのなさがあるので，その抜けたものを自分の現状を把握したうえで補充して取り組んでいくというスタンスが必要である。ただ，すでに親御さんご自身が精神疾患を罹患していたり，今までの

人生経験があいまって，なかなかお子さんとの間での適切な距離感をもちにくい方が多いようであった。

そもそも，体験を言語化し，体験に伴う感情をクライエントが語るのを受容的な態度で待つというような受動的な心理臨床家の態度では，上記のように広汎性発達障害の成人たちは語ることはできない。具体的に，自分が感じている情動がどのように多くの人が使っている感情のラベルと同一で，どのように伝えれば相手が理解するのかを，被害的・迫害的にならないで理解することはそんなに簡単なことではない。生物学的な脆弱性があるということは，多くの人が自然にできる行動が自然にとれないことを意味するわけで，一定の古典的な技法にはそもそも合わないことが少なくない。古典的な技法を修正すると考えるよりも，困っている人の特性や状態に合わせて技術を開発する方がスムーズである。「"いのち"と向き合う・"こころ"を感じる」ためには，積極的に歩み寄ることが必要である。

(5) 生きにくさを抱える青年たちとのつきあいから思うこと
―自閉症スペクトラム青年・成人の支援から―

ここまで，長期的な支援を受けてこなかった広汎性発達障害の人たちの話であったが，最後に，アスペ・エルデの会での20年のかかわりのある青年や成人の人たちに関して考えておこう。結論を言えば，支援を継続的にやったら問題がなくやれるということはない。そして，ある割合，適応状況が芳しくない成人がいるということである。ただ，継続的な支援のある場合には，他者に対して被害的になるのは少ないし，他者とのつながりもあるという部分は大きな違いであろう。

さて，1992年から現在までのアスペ・エルデの会での支援において，青年期・成人期に達した人たちはどんな状況で過ごしているのか，何人かの青年・成人期の生活について紹介していこう。

Aくんは19歳。小学校時代は当初，通常学級で生活したが，学校生活でのトラブルが頻発し，小学校高学年から特別支援学級に入級した。その後，特別支援学校へ進学し，学校の指導を受け，自動車部品会社に障害者雇用枠正規雇

用で就職している．アスペ・エルデの会には小学 1 年生から参加していた．積極的に活動に参加し，明るい人柄で会の中でもスタッフや仲間に好かれていた．自分の障害についての理解もあり，車の免許も取り，社会人生活を楽しみだしたところである．これは，東海地区で順調に学校教育からの就労移行が進んだ例である．

　Bくんは 29 歳，一般高校卒業後，自動車整備工の専門学校に進学して資格を取得したが，その後，自動車整備工の仕事が合わずに離職している．本人には葛藤があったが，納得して障害者枠での就労訓練を受け，障害者枠で電気製品製造の会社に入社し，障害者雇用枠正規雇用で就労している．不安障害の合併による生活上の困難はあるが，適切に受診と服薬を継続し，グループ活動にも参加している．Bくんの場合も，通常教育のあと，障害者枠での職業訓練を受け，その後は障害者雇用枠で安定して就労を重ねている．

　Cくんは 34 歳，大学卒業後，職が見つからず，アルバイトを転々とするが，パート採用もなかなか見つからず，卒業後 6 年ほどして，本人にはかなり葛藤があったが障害者手帳を取得し，障害者雇用パート枠で就労をしている．収入の使い方などの生活上の問題があるが，生活そのものは安定してきている．

　これら，3 人のように，就労までの道のりの違いはあっても，一定のサポートがあるなかでは，多くの場合は就労に移行していくことは可能である．ただ，本人が障害者として精神障害者保健福祉手帳を取得するというような，福祉サービスを受けていく段階での自己理解・納得が課題としてある．一般枠での就労がないわけではないが，とくに年齢が上がって 30 歳代になってくると，職場での役割を求められる段階で難しくなっていくので，障害者雇用枠を活用することが望ましい．

　次に，継続的に支援をしてきても難しい状況であったり，詐欺被害などで生活上の困難のある成人たちを紹介しておく．

　Dくんは 25 歳．小学校時代は普通教育を受け，中学から特別支援学級，特別支援学校を卒業している．ひどい感覚過敏があり，同級生などとのトラブルが頻発していた．トラブルのために，一般企業での就労訓練もできず，福祉就労をするが，そこでもトラブルを頻発させ，在宅状態にある．

　その他の成人にも，不安障害がひどい場合など，精神疾患の合併などの精神

的健康問題は適応に大きく影響する。また，こだわりが高じて，自分の思うようにものごとがいかないと，自分勝手な理屈を展開し，攻撃的な言動を繰り返してしまう者や，過去の外傷的な記憶のフラッシュバックで攻撃的行動をしがちな者などもある。問題行動リスクのある成人にどのように正しい行為と間違った行為を理解させていくのか，難しい場合もある。

　Eくんは30歳。小学校時代から特別支援学級に在籍，特別支援学校を卒業後，障害者雇用枠で正規就労継続し，月に20万円以上を稼いでいる。暇なときに，街でフラフラ遊んでいて，キャッチセールスの女性に声をかけられ，100万円ほどの詐欺被害にあう。

　余暇の時間での同様の被害が多く，数十万円から数百万円もの被害にあう自閉症者がいる。顧問弁護士による消費者被害教育などもしているのだが，それでも，数年おきに被害にあう成人がおり，教育されている場面と実際の場面との違いの中で，実際のスキルを活用できない。

　30歳前後までと，それ以降とで，自閉症者，中でも広汎性発達障害の人たちの抱える問題が変わっていく。20歳代では円滑な就労移行のなかで，ある程度安定した生活が送れても，それ以降では問題の質が変わってくるようである。とくに，普通高校を卒業したような場合，20歳代まではまだ友人同士のやりとりがあるものの，友人たちが就職後，結婚をしたり，子どもが生まれたりして，一緒に遊んでくれる人がいなくなっていくと落ち着かなくなってくる。同級生をみて，「自分は結婚できない」という思いを強くしていることが多い。親たちも老年期に差しかかってきて，子どもがどういう生活を親亡き後に過ごしていくのかについて，悩むことが多い。どこで誰と，どう生活していくのか，そうした生活設計をもつのが苦手なために，30歳以降の生活上の課題は大きい。ある成人は，「うちの親は150歳まで生きますから，僕は心配しなくて大丈夫です」と真顔で話をするし，別の成人は「母が死んだらそのときに自分も死にます」と話すなど，現実的なプランニングの仕方を早期から教えていかないと，問題が起こってからしか対応されないことになりやすい。

(6) おわりに

　心理臨床家がどういう立ち居地で，どこでどのように専門家として生きていくのかというのは難しい課題である。「"いのち"と向き合うこと・"こころ"を感じること」という題目は，本当に心理臨床家にとって必須の課題なのかどうかすら，私にとっては定かではない。クライエントとともに"いる"ことで生じてくる関係性の中で起こってくることを考えるよりは，今の私は今の社会の中に，生きづらさを感じる人たちが暮らしやすくするための仕組みを創り，困ったことに対する支援のニーズを把握し，よりよく生きられる技術を普及することの方が重要であると感じている。少なくとも広汎性発達障害の臨床の中では，ともに"いる"だけで，専門家が社会的な意味で何もしなかったことで，適応状況を悪化させてきた事実がある。現状の臨床心理学を考えると，優先順位としては，客観的に評価し，科学的根拠を明確にすることによって，社会的な仕組みを構築することが明らかに重要で，それができないなかで，クライエントとともに"いる"ことで生じてくる関係性の中で起こってくる主観的の感情を扱い，目の前にいる子どもと向き合う，といったスタンスでは，社会の中での専門家としての役割を放棄（あるいは保留）しているという意味で，怠慢としか思えない。

　いろいろな生物学的精神医学や脳科学，コホート研究が十分に発展していなかったために，わからないことが多い時代の宗教的行為としての（わからないからこそ）"祈ること"としての，「"いのち"と向き合うこと・"こころ"を感じること」の重要性は，少なくとも現在においては，次世代の育成においては重点を置くものではなく，補足的な位置づけになることが望ましいと私は考えている。学問の進歩の中で，学問の形や，重要なものの優先順位は変わってくる。"いのち"と向き合う・"こころ"を感じることを，支援が必要な人たちにとって生きやすい社会を構築するために，積極的に行うことが，求められるものだと考えている。

第 2 部

障害の重い子どもと家族とともに
―臨床の原点を捉えなおす―

ナカニシヤ出版
心理学図書案内

〒606-8161
京都市左京区一乗寺木ノ本町15番地
tel. 075-723-0111
fax. 075-723-0095
URL http://www.nakanishiya.co.jp/
＊価格は2012年12月現在の税込価格です。
＊最寄りの書店にご注文下さい。

アイゼンク教授の心理学ハンドブック
マイケル W.アイゼンク著／日本語版監修山内光哉　23100円

現代心理学入門の決定版、待望の邦訳！　TEEアプローチに基づき各章を構成。豊富で多彩な内容を効率的に学び、さらに自分で考える術が身につく。

心理学概論
京都大学心理学連合編　3150円

学部を越えた京都大学気鋭の心理学系研究者達による、正確かつ読みやすい本格的大型テキスト。心理学の先端を支える研究者の養成はここから始まる。

現代心理学
人間性と行動の科学
磯崎三喜年編　2415円

心を問い、心をとらえることは、人間存在へと迫る冒険である。人間性とその行動という視点から「心」をとらえ、現代の諸問題を見極める心理学概論。

スタディガイド心理学 [第2版]
美濃哲郎・大石史博編　2100円

知覚・認知・発達・文化・パーソナリティなど、心理学で何を学ぶかを示す好評テキストの改訂版。コラムの追加やデータの更新でさらに充実！

図説　教養心理学
金敷大之・森田泰介編著　2100円

理解を助ける豊富な図表、具体的かつ詳しい説明で心理学への興味を広げる。学生時代に学ぶべき教養としての心理学を1冊に凝縮した決定版テキスト！

心理学概論
学びと知のイノベーション
小野寺孝義他編　2520円

心理学の基礎を網羅し、各章見開き1頁の5節立て、キーワードの充実など協同学習への工夫満載！　読んで楽しい、グループで使える参加型心理学入門！

心理学教育の視点とスキル
日本心理学会心理学教育研究会編　3675円

心理学を教えようとする人々に向けて先達からのプレゼント。目から鱗のヒントとチップスを満載し、心理学教育を面白くするための工夫を披露。

大学生からのプレゼンテーション入門
中野美香著　1995円

書き込みシートを用い、プレゼン能力とプレゼンをマネジメントする力をみがきスキルを発展。大学生のみならず高校生・社会人にも絶好の入門書！

ひとつ上をいく卒論・修論を書くための心理学理論ガイドブック
山本睦・加藤弘通編　2100円

ピアジェ、ヴィゴツキーからミードまで、個人と社会の心理学と近接理論を「メタ読み」しながら紹介！「メタ読み」のコツをつかんで論文を書こう！

自分で作る調査マニュアル
書き込み式卒論質問紙調査解説
北折充隆著　2520円

質問紙調査に必要な統計の解説を、読者が空欄に書き込みながら理解を深めていくよう工夫。完成後は調査ハンドブックとしてできる！

テキストマイニングで広がる看護の世界
服部兼敏著　3675円

集めたアンケートやインタビューをどう分析したらいいの？　有益な情報を抽出するテキストマイニングの実践に絶好の入門！　CD-ROM付。

PAC分析研究・実践集1・2
内藤哲雄・井上孝代・伊藤武彦・岸太一編　各2625円

特定個人の個別事例を質的・記述的に分析するPAC分析。その理論と技法を概説し、多領域に及ぶ研究例や実践例をまとめ、効果的な利用法を示す。

コミュニケーション研究法
末田清子他編著　3360円

研究倫理などの心構えから、フィールドワークや実験法、質問紙法、統計まで、多彩な研究手法を網羅して解説。

人間科学研究法ハンドブック[第2版]
高橋順一他編著　2940円

人間科学全般の実証研究の方法論と技法を網羅した、論文（指導）必携書。初版では英文だった倫理の章を邦訳し、文献調査の方法などを大幅に更新。

子ども理解のメソドロジー
中坪史典編　2100円

子ども観察「何をどう見たらいいのかわからない」という方、必携！　むきだしの子どもをとらえる、楽しい実践のためのアイディアブック。

子ども学［第2版］
その宇宙を知るために
杉岡津岐子編　2310円

子どもの発達、病いや障害、文化情況、文化人類学的比較、子ども観の変遷などを、「子どもの権利条約」の精神を軸に展開。時代にあわせた改訂。

教室における「気になる子どもたち」の理解と支援のために
萱村俊哉著　1575円

発達障害の脳機能や行動、躓きの特徴を解説。運動や感覚の不器用さを測定するソフトサイン検査を紹介し、適切な支援につながる道を拓く。

認知心理学の新展開
言語と記憶
川﨑惠里子編　2835円

多感覚情報の統合や失読症など9つの興味深いトピックスについて認知心理学の観点から基礎的な解説を加えつつ、先端研究の成果を集約。

気分と認知
制限時間による情報処理過程の検討
野田理世著　4620円

日常生活場面における認知は、気分に影響される。クールな情報処理過程とされてきた認知に、気分と時間とを組み込んだ新しいモデルを構築する。

ワンダフル・エイジング
人生後半を豊かに生きるポジティブ心理学
日下菜穂子著　1470円

人生は先に進むほど豊かになる。老後こそ理想を求めて自らの可能性を発揮できる。価値観をしなやかに変えながら新しい生き方を見つけるワークブック。

リスク・コミュニケーション・トレーニング 吉川肇子編　2520円	災害や感染症の流行などの危機事態でのコミュニケーションのためのトレーニング・テキスト。ゲーミングによる研修プログラムと自習用問題を中心に。
ファシリテーター・トレーニング [第2版] 自己実現を促す教育ファシリテーションへのアプローチ 津村俊充・石田裕久編　2310円	組織運営・活性化に重要な役割を果たすファシリテーション・スキル。その養成のための基本的枠組みを提供する好評テキストの増補改訂版。
アドラー心理学による教育 子どもを勇気づけるポジティブ・ディシプリン 古庄高著　2100円	子どもに「教える」教育から子どもが「すすんで学ぶ」教育へ。ちょっとした勇気づけで子どもは輝く。アドラー心理学のエッセンスとその実践を解説。
大学1年生からのコミュニケーション入門 中野美香著　1995円	平易なテキストと豊富なグループワーク課題を通じて「コミュニケーション能力」を磨く。キャリア教育に最適なコミュニケーションテキスト。
交渉の心理学 佐々木美加編著　2100円	交渉の裏にある心理的メカニズムを解明！　説得の効果や感情の与える影響など、実証研究に基づいた心理学的知見をダイナミックに紹介する。
ミス・コミュニケーション なぜ生ずるか　どう防ぐか 岡本真一郎編　2310円	そんなつもりで言ったんじゃないのに！　日常の対人関係や、医療事故、リスク伝達など、様々な観点からエキサイティングに解説。
ことばの社会心理学 [第4版] 岡本真一郎著　3255円	言語コミュニケーションに社会心理学的観点からアプローチする好評書の第4版。日本語の会話、CMC、社会的認知など最新の研究を追加して改訂。
暮らしの中の社会心理学 安藤香織・杉浦淳吉編　2310円	恋愛、ネット、買い物、就職、省エネ行動——身近なトピックから基礎知識を解説し、「話し合ってみよう」やエクササイズで体験的に楽しく学ぶ。
社会心理学のストーリー 無人島から現代社会まで 田島司著　1680円	「社会のない状況」から徐々に他人との関わりが深まり複雑な社会へ、というストーリーに、4コマ漫画も取り入れ楽しく着実に学ぶ、社会心理学入門。
対人関係の社会心理学 吉田俊和・橋本剛・小川一美編　2625円	夫婦関係や友人関係、インターネット、空気を読むことからクレーマーの背景まで社会心理学から解説。対人関係を複眼的にみる視点を身につけよう！
幸福を目指す対人社会心理学 対人コミュニケーションと対人関係の科学 大坊郁夫著　3150円	コミュニケーションツールが発達しても孤独なのはなぜか。円滑な人間関係を築き「みんなで幸せ」に過ごすには。社会心理学の最新の知見からの提言。
コミュニティ意識と地域情報化の社会心理学 石盛真徳著　5775円	人々をまちづくり活動へと踏み出させる要因とはなにか。意識調査と無線コミュニティ・ネットワーク活動の紹介から、コミュニティの有り様を示す。
日本文化での人格形成 相互独立性・相互協調性の発達的検討 高田利武著　3675円	「日本人らしさ」はどのように形成されていくのか。相互協調的と言われる文化的自己観がどのように発達していくのか、生涯発達モデルを示す。

協同学習入門 基本の理解と51の工夫 杉江修治著　1890円	協同の原理を踏まえた学級経営で子どもの動きが変わる！　本当の「活発な授業」を生む原理を解説し、工夫すべき51のポイントを具体的に紹介する。
保育の心理学 相良順子・村田カズ・大熊光穂・小泉左江子著　1890円	「保育の心理学Ⅰ、Ⅱ」の内容をまとめた保育士や幼稚園教諭の養成課程のテキスト。事例や章末課題で実践力も培う。写真も豊富で楽しく学べる。
ガイドライン生涯発達心理学[第2版] 二宮克美・大野木裕明・宮沢秀次編　2100円	胎児期から成人期後期までの個性化と社会化、課題、障害と支援など解説した好評テキスト。データ更新とコラムの充実により最新のトピックを補充！
育てる者への発達心理学 関係発達論入門 大倉得史著　2940円	働きかける養育者と、反応する子ども。その関係性を捉えるエピソード記述が、「能力の発達論」を覆す。子育てに関わる新しい発達心理学への誘い。
特別支援教育とインクルーシブ教育 これからのわが国の教育のあり方を問う 姉崎弘著　1995円	今までの特別支援教育の成果と課題を整理し、インクルーシブ教育および障害の有無によらず子どもが幸せになれる教育に向けて具体的提言を行う。
発達心理学 福本俊・西村純一編　2100円	身体、認知、社会性など発達の各論から、歴史・研究法・発達理論、総論へとつづく構成。学生が主体的に学べ、教員と学生の相互作用でさらに楽しい！
やさしく学ぶ発達心理学 出逢いと別れの心理学 浜崎隆司・田村隆宏編　2625円	発達の段階ごとに、各章第1節で発達の捉え方の基礎的な内容をやさしく解説し、第2節では出逢いと別れを繰り返し、対人関係が成長する過程を描く。
幼児・児童の発達心理学 中澤潤監修　2520円	幼児期から児童期にかけて子どもは大きく発達する。章末ワークを効果的に用い、発達の進み方やしくみを体験的に理解する、幼小連携に向けた必携書。
学校心理学入門シリーズ4 **臨床生徒指導【応用編】** 市川千秋監修　2520円	学校現場で生じる問題にどう対処するのか。生徒指導の体制作りから、危機管理、いじめや学級崩壊、情報モラル教育、外国の現状まで具体的に解説。
シリーズ子どもと教師のための教育コラボレーションⅡ **学校カウンセリング[第2版]** 田上不二夫監修／中村恵子編著　1575円	日本の学校カウンセリングの歴史、スクールカウンセラーと教師の協同や教育関係者それぞれの専門性、学校環境のあり方などを詳しく解説。
実践をふりかえるための教育心理学 教育心理にまつわる言説を疑う 大久保智生・牧郁子編　2310円	大人の論理を押し付けられた子どもたち。悲鳴をあげても大人は気づかない。正しいとされている「言説」に惑わされず実践を行うためのヒント。
学習理論の生成と展開 小牧純爾著　5775円	新行動主義以降に学習理論の展開を促した重要研究を取り上げ、意義と論議の経緯を解説。動機づけや認知行動の論点を整理し新たな展開に寄与する。
大学生活を楽しむ護心術 宇田光著　1680円	簡単に騙されない大学生になるために！　クリティカルシンキングをみがき、アカデミックリテラシーを身につけよう。コンパクトな初年次教育ガイド。

1

子どもと家族とともに生きる

(1) 重度障害者における自己決定と自己選択　　　　　水谷　真

1) AJU と当事者運動

　私の所属する AJU 自立の家は，障害当事者運動から生まれた法人であり，障害者の自立を目指す事業所の総体である。障害のせいや社会のせいにしてあきらめるのではなく，社会に働きかけよう，そして自分たちが利用することでバリアをなくしていこうと約 40 年前から活動してきた（山田，1998）。
　「楽しくなければ福祉じゃない！」をモットーに，障害者の社会参加，自立生活，就労，福祉のまちづくり等，さまざまな分野に取り組んできた。社会の片隅に取り残された，より弱い立場の声（困りごと）から発想し，当事者の視点を活かした仕掛けを提案してきた。福祉の基本は一人一人が幸せになることである。しかし障害があることで自分らしい生き方をあきらめざるをえないことが多く，「福祉」の名の下に管理された生活を強いられることも少なくない。
　「障害者も社会の一員だ」「どんなに障害が重くても生まれてきてよかったと思いたい」。そんな思いから運動と事業は始まった。
　当事者運動や自立生活運動のキーワードに，「自己決定」「自己選択」というのがある。自分たちのことを，自分たち抜きに決めないでという意思表示だ。障害者は一生を親元で過ごすか，入所施設で管理された生活を送らざるをえなかった。就学，就労，地域生活，結婚，子育てなど，年齢相応の社会経験から疎外され，障害のない人から隔離され，管理されてきた。これらへの反発から当事者運動は始まり，時に社会体制や研究者や医療，福祉の専門家たちと鋭く

対決してきた歴史がある。

2）重度障害者の自立生活への挑戦と環境の変化

　三重県の児童相談所に3年間務めた後，88年からAJUで働くことになった。

　現場に入ってみると，世間の「常識」とはまったく違った。想像できないくらい重度の障害者が自立を目指していることを知った。当時はヘルパー等の制度もその拠点もなかったため，介助ボランティアを障害者自ら発掘して育て，生活を組み立てる時代だった。地域生活を夢見て，古いカトリック教会の一室に自分の城（下宿）を構え，何十人，何百人というボランティア名簿をもとに自ら介助依頼をしていた。親や施設職員以外の介助を受けるのが初めてという人たちばかりであった。

　障害があっても当たり前に生きるというという試みは，世間の「常識」への挑戦だった。彼らにとっても手探りの過酷な冒険だった。介助者が見つからないと，一晩中車いすの上で過ごすこともあった。力のある障害者にしかできない時代だった。

　20年ほどの時間が流れ，障害者の自立や社会参加が可能になる方向に時代は動いた。当事者団体らによる粘り強い運動があったからだ。国，県，市当局との交渉，時にデモや座り込み，救急車騒動など数々のエピソードがある。

　03年の支援費制度，06年の障害者自立支援法施行を経て，介助を受ける制度が整ってきた。建築物や公共交通におけるバリアフリーやユニバーサルデザインの考え方も進み，中部空港や愛知万博ではマスタープランの段階から当事者が参画し，さまざまな障害当事者の意見が取り入れられ，誰もが使いやすいモデルとなった。

　介助制度に関して名古屋市は全国トップクラスとなった。必要な人は24時間365日介助が受けられるなど，介護の社会化が進んだ。しかし，一歩市外に出ると，24時間介助が必要な人でも数時間しか認められないなど支給量が桁違いに少ない。顕著な地域格差が残る。

3）重度，重複障害者の自立の可能性

AJU に関わる障害者を紹介する。

① A さん

重度の脳性まひ。男性。全介助。トーキングエイド（携帯会話補助装置）を使って会話する。5 歳から 20 歳までの 16 年を愛知県コロニーこばと学園で過ごした。学生時代に体験したコロニー実習のときに，彼がこばと学園に入所していたことを後から知った。

A さんは自分らしい生き方を求めてコロニーを飛び出し，"障害者の下宿屋"福祉ホーム・サマリアハウスで 5 年過ごした後，自立生活に移行した。今でこそ地域移行が言われるようになったが，当時は「常識」外れだった。全介助の必要な重度障害者で，しかも意思疎通の困難な仲間の自立生活の先駆けとなった（AJU 自立の家，2006）。

② S さん

デュシェンヌ型筋ジストロフィー。男性。42 歳。20 歳までの命と宣告されたが，気管切開と胃ろう増設した後，38 歳で自立生活に。AJU は病院で本人と出会い，自立の意志を確認し，たん吸引と経管栄養を中心とする医療的ケアの研修を開講。数十名の介助者を育成後，福祉ホーム・サマリアハウス入居，自信をつけて 3 年後に地域生活の夢を果たした。医療依存度の高い人も 24 時間ヘルパーを使って自立できることを証明した（AJU 自立の家，2011）。

身体と知的の重複障害でヘルパーを使いながら自立生活を送る人も現れるようになった。判断力がないと思われた人たち。言語化能力がない人は自立生活できないという常識を覆した。

③ K さん

脳性まひによる重度重複障害。男性。40 歳。重い知的と身体の重複障害を伴う。発語なし。20 代前半にデイセンター・サマリアハウスにつながった。意思表示ができない困難ケースとして紹介されてきたが，AJU に来てから感

情表出と意思表示が明確になった。介入的すぎるなど，合わないスタッフにはこころを閉ざし（活動停止），食事も移動も拒否。気の合うスタッフにのみ，飲水，排泄，外出の要求をさまざまに突き付けるので，新人スタッフは当事者主体の洗礼を受け，悩まされる。人をかぎ分ける力がすごい。親の高齢化もあり，現在，自立生活を模索し，1泊2日の自立生活体験室を繰り返し利用している。日中の拠点は異なるが，私とはなぜか気が合う。MRグループで培われた感性かなと思う。

　声なき声をいかに聞き分け，その思いを形にするか。声を出せる人を中心にした社会から，声を出せない人を含む社会にしていけるか。ともにいることによる共感力が問われているのだと思う。

引用文献
AJU自立の家（編）(2011). 当事者主体を貫く─不可能を可能に　重度障害者，地域移行への20年の軌跡　中央法規
AJU自立の家後援会（編）(2006). いまかせの人生はやめた！　風媒社
山田昭義（編）(1998). 自立を選んだ障害者たち　愛知書房

(2) 障害とともに生きる　　　　　　　　　　　　　　　　熊谷　豊

　大学卒業後，ずっと知的障害関係の施設ばかりで勤務してきた。大学入学時は教員志望だったので，障害福祉にこんなにどっぷり浸かる生活になろうとは思ってもいなかったのだが，そのきっかけを与えてくれたのは，故村上英治先生と後藤秀爾先生が携わってこられた重度心身障害児療育グループ（MRグループ）との出会いであったと思う。
　そもそも部活動（アイスホッケー部）に情熱を注ぎ，その合間に相談室に顔を出していたような私にとって，MRグループでの重症心身障害児との出会いは，言葉では言い表すことのできない衝撃であった。
　テレビでしか見たことのない，話すことも体を動かすこともできない子どもたち。何かを訴えかけるかのように瞬きもせずじっと私の方を凝視している子どもたち……。心の奥まで見透かされたような気分になってただ立ち尽くすだ

(2) 障害とともに生きる

けの私に，そばにいたお母様が優しく話しかけてきてくれて，ホッとしたことだけが記憶に残っている。

そんな私がいつの間にか MR グループの子どもたちの魅力に惹かれ，毎回かかさず活動に参加するようになっていく。学業は二の次の学生生活には変化はなかったが，子どもたちと過ごす時間が私にとって貴重なものになっていったことだけは確かである。MR グループでもの言わぬ子どもたちに寄り添い，自分自身とその関係性の意味を見つめ続けた体験は，事実つらい体験でもあったのだが，「子どもはどのように障害が重かろうとも，ひとりの人間として生き生きと豊かに発達しつづける存在である」(村上・後藤, 1982) ことを初めて実感できた，私自身の療育の原点でもあると思う。

唐突だがここで忘れられないエピソード，いや本当は忘れてしまいたいエピソードでもある，ある出来事をお話ししたい。

MR グループでは年に一度，夏休みに海の家での合宿を行っていた。当時学部 4 回生だった私は，重度の脳性まひの女児 YS ちゃんの担当として合宿にも参加をしていた。昼間は海岸で子どもたちをボートに乗せたりして楽しく遊び，夜は子どもたちを寝かしつけたあと，村上先生や後藤先生らを囲んでスタッフミーティングをするのが恒例であった。しかし，そのミーティングの最中も私はまだ寝ついていなかった YS ちゃんのことが気になっていた。「お母さんに代わって，YS ちゃんの子守りをしてきますから」と告げて中座をしようとしたそのとき，村上先生の怒声が響いた。「療育は子守りじゃない！ お前はそんなこともわかってないのか！」

怒りに震える声での村上先生の講義（説教？）はしばらく続き，いたたまれなくなっていた私の様子を察してか，後藤先生が間に入ってなんとかその場を収めてくれた。私は一人になりたくて宿舎を抜け出したのはいいが，カッコ悪くて戻るに戻れず，明け方まで海岸にたたずんでいたように思う。

当時の私には村上先生の重症心身障害児の対する熱い想い，療育に対する真摯な姿勢など十分に理解できるはずもなかった。しかし，この事件以降，目の前のもの言わぬ子どもたちのことを「もっと知りたい！」という想いはさらに強くなっていったし，結果的に私を障害福祉の道に導くきっかけにもなったのだろうと思う。

あれから二十数年。MRグループでの重度心身障害児との出会いから始まった私の障害児者とのかかわりは，その後ダウン症や自閉症スペクトラムの子どもたちなどさまざまな障害へと拡がっていった。また現在は，就労支援が必要な成人の人たち，身寄りのない高齢の障害者の人たちなど，幅広い年齢層の方々にかかわる立場にもなって，ますます療育（特に早期療育）の重要性を実感する機会も増えている。

その間，エビデンスに基づいたさまざまな療育技法が研究・開発され，どれも一定の評価を得てきているようである。相談室で遊戯療法を中心にかかわっていた私の学生時代とはずいぶん様変わりしてきているのを感じる。

しかし，そんな時代だからこそ村上先生や後藤先生が常々おっしゃっていた「子どもは常にその場で関係を持つ「誰か」との心の交流を展開させながら発達していく存在である」（村上・後藤，1982）という言葉の意味を，改めて問い直してみる必要があるのではないか。

これまでも，これからも「療育は子守りじゃない！」と叫んだ村上先生の声が私の中から消えることはない。しかし，後藤先生が還暦を迎えられたのを機に企画された本書において，私ごときが療育を語るなど「十年早い！」とお叱りを受けるだけ。まだまだ未熟な私は，その真の意味を模索しながら，これからも真摯に「療育」に向き合っていくしか道はないのであろうと思う。

引用文献
村上英治・後藤秀爾（編）(1982). 障害重い子どもたち―集団療育の場で― 福村出版

(3) 社会の中で生きる 小川真紀

将来，障害のある人たちとかかわりたいと漠然と考えて大学に入った。そんな昭和も終わりの頃，大学4年のとき，MRグループに参加する機会を得た。それまでも実習では障害のある大人たちと触れ合うことはあった。しかし，障害のとても重い，しかも小さな子を抱くのがそもそも初めてだった。責任とともに腕の中にずっしりと重さを感じたのを覚えている。

その後，名古屋市の職員になった。最初の職場は知的障害の成人の入所施設

であった。当時、平均年齢40歳を超えた「療育」「教育」を十分受けられなかった世代の人たちが多かった。自宅で暮らせなくなって、50歳前後で初めての集団生活が入所施設という人たちがいた。長く入所している方でも、保護者が親からきょうだいへ世代交代を始める頃でもあった。障害のある子どもを親が面倒を見るのは当然のように思っていた。でも、親も子どもも年をとる。親だけではその人の生涯を支えきれない。それまで障害のある子どもが家族の中でどう位置づけられてきたか、「きょうだい」がどうかかわってきたかによる。そのためにも子どもが小さいときから支援することの大切さを考えさせられた6年間であった。

次は児童福祉センターに移った。今度は「発達が気になる」あるいは「障害のある」子どもたちとその家族の方の相談や就学前の子どもたちの療育を担当することになった。当初、私自身「早期発見・早期療育」の流れにのせようと一生懸命だったと思う。自分の子どもの障害を認めなかったり、療育の誘いにのらなかったりすると親のせいにしていたところがあった。何年かが過ぎると、障害を受け入れるのに家族によって必要な時間は違うと気づかされた。障害の重さや種類によっても、子ども自身や家族の状況によっても違うので、支援者がアプローチを変えなくてはと思った。

支援者ができることは、きっかけ作りに過ぎない。同じ立場の親御さんたちが出会い、語らう場の提供をすることが障害のある（発達が気になる）子どもたちの療育の柱だと言える。これはMRグループのときにも感じたことだが、親が「つながる」体験は子どもたちが家族以外の人と「つながる」安心感を得ることになると思う。

そして、私は現在、「発達障害」の人たちとかかわる仕事をしている。ここで言う「発達障害」とは、主に自閉症スペクトラム、注意欠陥多動性障害、学習障害などのことを指す。そのなかでも知的障害がない、あるいは軽いタイプの大人たちとかかわっている。この人たちの多くは、大人になってから周囲との違和感に気づいたり、心身の不調を起こしたりして「発達障害」というキーワードにたどり着いている。

これまでかかわってきた、身体にも精神発達にも重い障害をもっている子どもたちと、「障害がある」とは一見しただけではわからない、あるいはわかりに

くいタイプの大人たちとはまったく正反対と言える。

　しかし，共通点がある。「発達障害」の大人の人たちは口数の差こそあれ，「ことば」を話せない人はほとんどいない。「ことば」さえ話せれば，周囲はコミュニケーションがとれると思い込みがちである。彼らは「ことば」は話せても，表情や態度で伝えることも，読み取ることも苦手である。だからこそ，人とつながりたくても失敗することが多く，つながることをあきらめてしまう。障害の重い子どもたちは自分からことばを発したり，近づいていったりして「つながる」ことが難しい。

　彼らを他の人と，そして社会とつなぐためには，彼らをよく知る身近な人が仲立ちをする必要がある。最初は家族が担い手になるけれども徐々に仲立ちをする人が増え，また仲立ちがなくてもつながるように本人からの発信力も高めていきたい。その一方で，受け手の理解を進めて，つながりやすくしていくことも私たち支援者の仕事であると感じている。

　障害の有無にかかわらず，「つながる」「支えられる」安心感は，生きていく上では大切なことだと思う。安心感をもてない大人たちとかかわっていると強く感じる。

　障害のある人たちとのかかわりがここまで続けてこられたのも，今まで出会った人たちとの「つながり」や「支え」があってこそ，と改めて感謝したい。

2

臨床家としてのそれぞれの育ち

（1）臨床家としての原点と歩み　　　　　　　　　　　　加藤友希恵

　私が大学院修了と同時にMRグループを卒業してから，もう10年程になる。10年の間に家庭の事情による三度の引っ越しと出産を経験し，その都度職場や働き方を変えた。常に2～3ヶ所の職場を掛け持ちしていたこともあり，経験した非常勤先は10ヶ所を超えようか。落ち着かない生活ではあるが，とにかく何らかの形で仕事を続けることを最優先に考え，現在も病院の精神科で心理士として，細々とではあるが働き続けている。残念ながら現在，MRグループでかかわっていたような乳幼児やその家族への直接の支援を行うことはない。それでもやはり，今の自分や臨床活動にMRグループでの経験が大きな影響を与えていると思う。

　私が知り合いの先輩に誘われて，MRグループに初めて参加したのは大学4年のときであった。それまでもボランティアサークルに所属し，障害のある方と接することはあったが，重度心身障害の乳幼児への療育とは一体どんなことをするのか，想像もできなかった。1回目のグループ終了後，ある先輩に「ところでMRグループのMRって何ですか？」と聞き，一瞬絶句させてしまったが，それほど不勉強なのんびりした学生であった。

　そんな私がグループ1年目に担当したのはYくんであった。前年担当者の男性からは「とにかく抱っこしてトランポリンを飛ぶこと」という引き継ぎをもらった。しかし，10kgの彼を前に，体力とは縁のない生活を送ってきた私は途方にくれたのを覚えている。それでも，抱えて飛ぶとYくんは笑ってくれ

た．他のことも試してはみたが，トランポリン程の反応はなかった．腕の筋肉痛に息絶え絶えではあったが，その笑顔を支えに飛び続けた．即物的な方法ではあるが，まずはYくんとつながれるチャンネルがあった，というだけでほっとしたことを覚えている．その後の活動でも，言葉を話さない子どもたちだからこそ，体や表情を通して様子を捉えようと，一生懸命だった．そして，最初はただ無力ではかなげな存在であった子どものイメージが，活動終了後のミーティングで後藤先生や他のメンバーと話しているうちに，性格や特性など，その子固有のものに自分の中でだんだん変わっていくのを不思議な思いで感じていた．また，かかわりがすぐに結果として表れてくるわけではなくとも，その場に居続け，かかわり続けること，不安になってもグループの先輩や先生に支えられる体験ができた．それは自分自身が抱えられる体験でもあったと思う．

　家庭訪問に行くことや，年に一度の学会発表の場で，改めて子どもや家族の姿を捉え直すことも重要な体験であった．私たちが子どもに会うのは週に一度である．それ以外の場所をどんな場所で過ごしているのか，それを垣間見ることで，相談室の特殊性を認識させられた．また，子どもを母親が抱え，母親を家族が抱える，その構造のバランスをみつつ，家族を支える場の一つであること……MRグループのそういう視点は今でも私の中で生きていると思う．

　現在の仕事で会う患者さんとのかかわりは，表面的にはMRグループで行っていたこととはまったく違う．基本的に患者さんの体に触れることはないし，お会いするのは1対1である．家庭訪問をすることもない．しかし，体に触れないかわりに，言葉にならない部分でその日の状態を感じようとする．会うのは1対1でも，他の職員とともにその人を支えるのだという意識をもつ．家庭訪問には行かないが，その人の家族の趣味が何かということまで時には気にして，普段の生活を想像しようとする．何より，表面的な言葉，行動が短期間で大きく変わらずとも，「ともに居続けること」の大切さを胸に置くようにしている．それは，どの職場に行くことになっても変わらない．とは言え，実際にはグループ卒業後10年たっても，小さなことで焦ったり泣き言を言ったりの連続である．また，地域や職場が変われば，そのようなベースが必ずしも常識ではなく，同僚とのすり合わせから仕事が始まることもあった．それでも，今述べたようなベースの部分は，私の中では簡単に譲ることができないものとして，

今でもあり続ける。そして，生活環境の変化の中で，仕事を続けていくことに心折れそうなときがあっても，何とか臨床を続けていけているのは，MRグループが今でも「ホーム」の1つとして自分の中にあるからではないかとも思う。

公的支援の充実とともにMRグループに参加する子どもは少なくなり，期せずして私は「学生としてのMRグループ最終世代」となった。短い間ではあるが，担当の子どもも複数もつことができ，さまざまな経験ができたことを，今改めて幸運だったと思う。指導していただいた後藤先生，スタッフ，かかわったすべての子どもたちやご家族に感謝する。それと同時に，学んだことやもらったものを，今度は少しでも自分の周りに伝えていく側にならないといけないと考えるようになった近頃である。

(2) 初心の臨床家としての学び　　　　　　　　　　　　　　福元理英

大学院入学以来，私は名古屋大学心理発達相談室に所属し，多くの時間を相談室で過ごしてきた。改めて計算してみると，そういった生活を足かけ10年以上も継続してきているだろうか。あっという間に時は過ぎ去ったが，振り返ると本当にさまざまな出来事があり，たくさんの方々との出会いがあった。私にとって相談室は，何にも代えがたい経験と学びを与えてくれた，大切な場所である。

なかでも，大学院を卒業した後，非常勤として心理発達相談室の相談室活動・業務に関わらせていただいた4年間は，私にとって大きな意味をもっている。この時期は，相談室活動に携わる大学院生スタッフの先輩として補助的役割を担うなかで，彼らとさまざまに議論を重ねていた日々でもあった。今考えると，後輩たちからもちかけられる相談ごとの一つひとつが，私自身の心理臨床についての理解と心構えのありようを，改めて問い直してくれるものであったと思う。

相談室においては，運営上さまざまなことに心を配る必要がある。それらをすべて数え上げればきりがないが，年間通して継続的に配慮してきたことのひとつの例としては，面接室のメンテナンスや環境調整などがあげられる。院生スタッフとの話し合いでは，備品の設置や修理，家具等の配置，じゅうたんの

清掃などに関する話題がよくあげられた。具体的な内容を書き連ねると，それほど大したことはないと思われるかもしれないが，そのような細かいことが，現場では意外に大きな意味をもっていたと思う。それはやはり，こういったことに関する話し合いの過程そのものが，スタッフ各々にとって，相談室という場に来談者を安心して迎え入れるための準備作業であり，また彼ら自身にとっての学びという意味合いをもっていたからだと考えられる。

私は個人的に，臨床家の初心の段階において重要なのは，心理臨床における「型」ともいえるひとつの基準を学ぶことだと考えている。格技や歌舞伎，茶華道をはじめ，他のどの世界にもそれぞれ基礎基本となる「型」はあるが，心理臨床においても同じことが言えるのではないかと思う。

心理臨床の場における「型」は，まず心理療法を行っていくうえでの基本的な設定を行うことから始まる。ごくおおまかな内容としては，面接を行う人・場所・時間・料金に関して，来談者と面接者で一定の取り決めを交わすことがあげられる。このような面接の枠組みを来談者と面接者が共有することで，面接関係が目的をもった専門的な援助関係であることが，両者に自覚されると言われている（鑪・名島，2000）。その後は，初回であるインテイク面接で来談者からどういった内容を伺う必要があるのか，今後の面接目標をどこに設定するのかといった，基本的な流れについて考えていくことになる。心理臨床における修行の初期の段階では，まずその「型」である枠組みを覚えることで，自分自身の癖や環境による影響を最大限排除し，基本的な所作と感覚を身につけることが求められる。その後，実践を通して「型」の果たす役割とその意味を知り，徐々に自分自身のもつ特徴についても理解していく。そうすることで，少しずつ自分なりの方法や視点を見つけていくことができるようになっていくのだと考えられる。

ただ初心の段階では，そもそも自分が一体どのように周囲の人々や環境に守られているのか，そして面接者や来談者にとってどのような守りが必要なのかということについても，はっきり認識できていないことが多い。私自身，その頃の自分を振り返ると，そういった理解の足りなさから，枠組みに関する変更の決断を短絡的に行ったり，逆に相談室における設備や状況の変化に過剰に反応したりして，結果的に路頭に迷ってしまうことがよくあった。しかし，その

ような多くの失敗は，まだわけのわからないまま「型」を鵜呑みにする受身の段階にいた私に，「心理臨床とは何なのか」「相談とは何を行うことなのか」という，心理臨床の「型」のもつ意味に向き合っていくための，ひとつのきっかけを与えてくれたと思う。

　相談室勤務した4年間で，私は，かつての私と同じようにさまざまな場面で困り，不満を抱える院生の姿を多く見てきた。その一方で，スタッフと来談者の双方にとって安心できる空間を作っていくために話し合い，工夫する彼らの姿を見て，感動することもあった。そのどちらも，彼らが「型」を学びとり，心理臨床家として育っていくプロセスそのものをあらわしているのだと思う。

　大学院生が，配慮され育てられる立場から，主体的に育つことのできる人間になっていく様子を見ている日々は，本当に楽しかった。私にとっては，自分が無我夢中で訳もわからず通り過ぎてしまった大学院生時代を，彼らを通してもう一度経験させてもらい，学び直していた日々だったのだと思う。これから先，私は別のさまざまな現場で学びを得ていくことになるのだろう。相談室での経験は，その原点となるものだと思っている。

引用文献
鑪幹八郎・名島潤慈（編）（2000）．新版心理臨床家の手引き　誠信書房

3
家族からのメッセージ

(1) 宝　物
原喜久美さん

　MRグループとの出会いは約20年前の1本の電話でした。
　重度の心身障害児で寝たきりの娘たちは，それまで病院以外はほとんど出かけることのない生活をしていました。
　MRグループに参加することになり，親子分離に始まり，初めてのことばかりで大丈夫かなと心配でしたが，娘たちはすぐに慣れ，若いスタッフさんと歌を歌ったり，ご飯を食べさせてもらったりたくさん遊んでもらいました。
　しばらく通うと親同士も仲良くなり，きっとあの頃は親のほうが楽しみにしていたのかもしれません。
　MRグループでは季節ごとにいろいろ企画があり，そのなかでも山海へ海水浴に行けたことは本当に大きなことでした。それまでは体調も落ち着かなかったこともあり，生きていてくれるだけでいいかなと勝手に思い，とくにどこかに連れて行ってあげようかとか思ったことがありませんでした。
　でもMRグループでは普通の子どもが経験するようなことを普通にしてくれ，最後にはスキーにも連れて行ってもらいました。
　MRグループを卒業しても普通の子どもが経験することをしてあげようと思い，周りを巻き込んでプール，ディズニーランド，新幹線に乗ってハウステンボス，飛行機に乗って沖縄，なんとパスポートを取ってグアムも行きました。
　MRグループと出会ってなかったらたぶんこんなにもいろいろ経験できなかったと思います。

きょうだいでそり遊び

　今回，メッセージと一緒に写真もお願いしますと頼まれ久しぶりにアルバムを開いて見ると，子どもたちも親もスタッフもみんな笑顔で本当に楽しそうな写真がたくさんあり懐かしいと思うとともに宝物だなぁと感じました。

　長女は二十歳を過ぎて体調を崩してしまい，今では親が看護婦さんのようなことをしないといけないこともあり，これからはだんだん出かけることも少なくなっていくのかなと思いつつまたどこかへ行けたらいいなと思っています。

(2) いちご　　　　　　　　　　　　　　　　　　　　　　　山田由起さん

　2011年，娘は19歳になりました。3月，震災のちょうど一週間前に12年間通った養護学校を卒業。大きな一区切りの春でした。

　娘は，私にとっては二人目の子どもです。二度目の出産。特に緊張することも無く，その日まで普通に（順調に）過ごしていました。出生直後，娘は生死をさまよい，救急車で他の病院に搬送される事態に陥りました。重い障害が残る，と断言されたのはそれから1ヶ月後でした。

　知らない世界に放り込まれた感じで，何をすべきかわからない状態の頃，MRグループと巡り会いました。最初の印象として，若い学生さんたちがどうしてこんなに優しく，楽しく娘たちと接してくださるのだろうか……と不思議に感じたのを覚えています。それからもう1つ，何かの集まりのとき，後藤秀爾先生がおっしゃったことはずっと心に残っています。学生さんたちに向けら

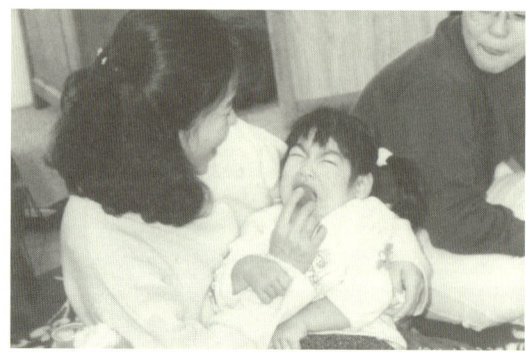

はじめてのイチゴ体験

れた言葉だったのですが，君たちがこの子たちの世話をするのは今日という限られた1日だけ．だが家族は24時間ずっとだ．区切りがなくずっとだぞ．と．こんなふうに思ってくださる人が存在してたんだ……と驚き，感動しました．今でも思い出すたび感動しています．

　こうしてMRグループに通いはじめ，日々の娘の状態や出来事，さまざまな思いを聞いてもらうことで私自身の中でそれらを再確認したり，煮詰めたり，消化したりしながら前進できたのだと思います．今より確実に若かった私自身も，学生気分に戻ってキャンパスの空気を楽しませてもらう……というオマケつきで，毎週水曜日を楽しみに通いました．そしてそれは，その後12年間の養護学校生活への準備へ着々とつながっていったのだと今思い返し，改めて思うのです．

　娘と過ごす日々は，ひとかたまりの思い出として存在することはなく，1日1日，毎時毎時が刻まれるように過ぎます．それは，漠然と過ごしがちな日常を有意義な味も色もあるものにしてくれているようです．

　いまでは，すっぱいイチゴも食べられるようになった奈津．支えてくださったMRの方々に感謝しています．

(3) 声なき声のメッセージ　　　　　　　　　　　　　　　村瀬晴美さん

　平成8年10月，当時3歳と1歳の息子たちを連れてMRグループの療育に

参加させていただきました。2人とも医療的ケアが必要であった為，地域の療育施設に毎日通うことは困難でした。少しでも我が子たちが楽しく過ごせる場所はないかと思い悩んでいるときに運良くMRグループのことを知りました。とはいえ，本当に信頼して子どもたちを委ねる事が出来る場所だろうか？と少し不安に思っておりました。

　当時障害児関連の書籍を書店でよく探していた頃で，そんな折りMRグループのことが書かれた「"いのち"ふれあう刻を」に偶然出逢いました。故村上先生のまえがきを読み，ここならば，子どもたちを安心してお任せできるのではないかと思いました。今思えば，"運命的な出逢い"だったのではないかと思います。

　先に本の中で出逢った後藤先生はどんな方なのだろう？どんなスタッフが待っていてくれるのだろう？とワクワクドキドキしながら名古屋大学の南門をくぐり，MRグループの療育に初めて参加した日のことを懐かしく思い出します。実物の後藤先生は，想像していたよりもとっても シャイ?!な方でした。でも，子どもたちに向けられる眼差しはまっすぐで純粋でとても優しかったこともまた思い出されます。この先生のもとで，若い学生さんたちが障害重い子供たちに関心を持ってかかわってくださることに，親としてとても嬉しかったです。

　息子たちを担当してくれた学生さんたちは，当時どうやって抱っこしたらよいのか，どうやって緊張をほぐしたらよいのかなど，すべてが初めてで手探りで大変だっただろうなと思います。慣れない手つきでぎこちなく抱っこしてくれていた姿がとてもいとおしく懐かしいです。当時の交換ノートを見ても，一生懸命子どもたちの心や体を深く知ろうとしてくれている担当者たちの日々の温かい気持ちと若い情熱を感じました。また，テスト期間中に良い成績がとれるように子どもたちを抱っこしに来てくれたことも嬉しかったです。本当にありがとう！

　MRグループのありがたいところは，子どもたちが療育してもらえることだけでなく，「母子分離」をさせてもらえることでした。当時医療的ケアの子をもつ親は看護師または家族以外の人に預けて「母子分離」することはありえませんでした。そしてもう1つ，子どもと離れて別室でのお茶を飲みながらのおしゃべりタイム。当時は他の保護者やスタッフとのただの雑談くらいにしか捉え

クリスマス会での食事風景

ていませんでしたが，振り返ると私たち親が「カウンセリング」をしてもらっていたのだと，つくづく思います．何気ない普段の生活のあれこれを話すこと，それを否定せずに受け止めて聞いてもらえたことで随分心を軽くしてもらっていたのだと，今さらながら本当に感謝しております．

　毎週水曜日，高速に乗って名古屋に向かう時，"K市から脱出する"という何ともいえない開放感がありました．初めて母子分離させてもらい，初めて母親同士で行ったランチは嬉しすぎてご飯が喉を通らないほど興奮したのを今でもよく覚えています．学食でのランチも若返った気分で楽しかったです．

　当時わが家は主人が水曜日休みだったので，主人が行けるときは家族四人揃って参加させていただきました．主人にとってもリフレッシュ出来る良い場所だったのだと思います．

　就学とともに療育も終了し，長男12歳，次男9歳で他界したあとも，当時のスタッフやご家族との交流は続いており，また先日念願だったMRグループのOB会もスタッフの皆様の御尽力のおかげで賑やかに和やかに行われ，改めてこの先もずっとずっとつながっていくのだと確信しました．精一杯生き抜いて，MRグループに巡り合わせてくれた息子たちに心から感謝しています．今は亡きわが子たちが繋いでいってくれたこの御縁をこれからも「宝物」として日々過ごしていきたいと思います．

　あの小さな小さな声なき声の大きな大きな存在に，身も心も突き動かされて

今日まできました。そして今もなおその存在に突き動かされております。

　日々の生活の中で，彼らの存在を感じられる場面が非常に沢山あります。子どもたちに先立たれたことは，辛く悲しいことではありますが，実はわが子たちにいつも見守られている幸せな親だということにこの頃気がつきました。

　このMRグループとの出逢いはわが家の「宝物」であり，歴史であり，これからもわが家の歴史にずっと刻まれていくことでしょう。

　縁あって携わってくださったスタッフの皆様や御家族の皆様に，この場をお借りして深く厚く御礼申し上げます。今後もMRグループの意志は必ず受け継がれていくことを信じております。

第3部

障害児臨床のこれまでとこれから

後藤秀爾

1
言葉を超えて紡ぎ出されることば

(1) 言葉を超えて紡ぎ出されることば：障害重い子のことば

　在宅で未就園・未就学の重度心身障害の子との集団療育に，私自身が取り組むようになったのは，1980年代に入る頃である。体力と情熱はあったが，知識もスキルも自信ももたなかった。当時，医療的な訓練のほかには，こうした重度の心身障害児と取り組んだ前例もなく，「自分たち心理臨床の学徒が，寝たきりの重い障害児にかかわってよいのか」という疑問を抱えながら，この活動の意味を模索する日が続いた。

　一方で，自閉症児のプレイセラピーの意味を否定する雰囲気の強い風潮の中で，その自閉症児のプレイセラピーにも取り組んでいた私にとって，心理臨床家であり，その研究者としての自分の存在意義が問われる事態でもあったため，追い詰められるように実践と文献探索に明け暮れた。「とにかく実践してみなくちゃ本当のことはわからない」と思っていたので，重度心身障害の子との集団療育のほかに，情緒障害の子や自閉症の子とのプレイセラピーも，また保護者との面接も，それぞれ常に数ケースずつ抱え，そのほかに精神科の病院や児童相談所に週に1回ずつ非常勤心理職として通っていた。

　疑問を抱えながらも数多くの実践経験を積んでいると，それなりに見えてくるものがある。子どもの気持ちが少し見えはじめた頃に，向野幾世の『お母さん，ぼくが生まれてごめんなさい』という本に出会った。その一節に次のような文章があった。重度の脳性まひで言葉，つまり音声言語のないやっちゃんと取り組んでいた向野自身の気づきである（向野, 1976）。

やっちゃんのからだの緊張やアテトーゼがことばだとわかった日，私はやっちゃんを抱きしめて話をしました。やっちゃんは，からだを硬くしたり，柔らかくしたり，足を突っ張ったり，手をあげようとしたり，一語一語，私の話に反応をしました。目や口の動きも，よだれも涙もツバも，全部が全部，ことばなんだということが，抱きしめているとよくわかりました。

　それまでの経験が，この文章の意味することに実感をもたせてくれた。目から鱗が落ちたように私の中に入ってきたこの一文が，今も私の実践の原点である。子どもたちから発信されているメッセージはそれこそ無数にあった。声として出されたり，文字になったりした言葉にとらわれて，からだの発信することばに目が向いていなかっただけなのだということに気づいたとき，自分の未熟さを知った。方法論にとらわれて，子どもの気持ちを知ろうとする姿勢が基本であることを忘れていた。
　ずっと後になり，スターン（Stern, 1985）による自己感の発達理論に触れたとき，改めて，その時の実感に，新たな説明の言葉を得たと感じた。発達の最早期段階における自己生成のプロセスの概要が，この理論によって整理された。

（2）新生自己感という体験

　心理臨床の立場では，クライエントを，発達モデルによって捉え，関係性モデルに基づいて発達支援を組み立てる。したがって，クライエントが最初にもち込む主訴は，彼や彼女が自己の人生の転機において自己課題に取り組むためのきっかけに過ぎない。主訴の焦点となる症状や問題の行動は，その時々の発達の芽である。真に取り組むべき発達支援ニーズの根幹は，その子らしさや，その人の本質といったものを，見失い離れてしまったことから生じる不安感である。神経症の人や情緒障害の子どものみならず，精神病や発達障害においても，最も根本的な部分では同じ原理である。さまざまな意味において，自分が生きる意味が実感をもって確認できることこそ，最も基盤にある取り組み課題である。

たとえば，保育所で高機能自閉症といわれる子どもに出会ったとする。仮にワタルという名で呼ぶならば，ワタルは，私が声をかけても横目で眺めただけで背中を向けて部屋の隅に行ってブロックに没頭し始める。作業をしながらパンパンと両手を打ち鳴らし体を揺らしてリズムを取りつつ，テレビコマーシャルを口ずさむ。この行動は，親にとっても，保育者にとっても，また周りの子どもたちにとっても理解不能である。私は近付きながら少し距離を取って小さな声でつぶやいてみる。「部屋がうるさくて逃げ出したいんだな。どこか逃げるところはあるかなあ」。
　ワタルはすかさず「デパート」と無機質な声で応じる。やっぱり聴覚過敏だな，と理解する。ブロックで作っているものを見ると壁と屋根のようである。たぶん逃げ場所として，自分ひとりでは作り切れない自分だけの世界を創ろうと苦心しているところだ。私は「マツザカヤかなあ，タカシマヤかなあ」と有名デパートの名前を挙げてみる。「マツザカヤ」とちょっと嬉しそうに答える。「ここは何なの」と四角い扉のようなものを指差して尋ねると，ワタルはすかさず「エレベーター」と答える。「今，エレベーターに乗るところなんだ」とゆっくりと言葉にしてみると，私のほうをちらりと見たワタルは「チュウシャジョウからここ通ってこっちにくる」「ウエへまいりまあす」などと言いながら，するりと私の膝に乗ってくる。私は「ウエへまいりまあす」のセリフをリズムよく反復しながらワタルの体を抱えて一緒に揺れる。そうすると心地よさそうな表情になり，私にクッとしがみついてくる。同じ強さで抱き返すと，安心したようにククッと笑いがもれる。
　ここでワタルの作ったマツザカヤは，屋根のある駐車場部分と，剥き出しのエレベーターを並べただけのものである。ワタルの強い興味はその部分に集中し，駐車場に入って行ってエレベーターに乗る場面までは，イメージとして鮮明に残っている。建物の外観はイメージにない。デパートが何をするところかもわからない。このバラバラのままで，そこにあることの意味も関係性もわからない世界が，ワタルのこのときの内的な体験世界であり，今にも断片化して消えてしまいそうな自己存在の形なのだと理解できる。イメージの中のデパートのチュウシャジョウとエレベーターを，実際にブロックで形にしてみることで確認しようとしている。それは，自分の身体の存在感のあり方をそのまま引

き写すことになっている。イメージを共有することで確認作業を手助けし，解体し希薄化する身体を取り戻すために，リズムを共有することで，ワタルはその場の安心感を得ることができる。

　この場合，常同行動と呼ばれる単純なリズムの反復行為こそが，断片化する内的体験としての自己を，現実生活場面につなぎとめる力となる。デパートの駐車場とエレベーターへの没頭は，クラスの中に自分の居場所を作ろうとする試みとも重なっている。そのことを理解して手助けすることが，自閉症の子の発達支援の第一歩を作ることになる。

　この子たちは，基本的に感覚過敏である。したがって，集団の場にいるときにはとりわけ，慢性的に刺激過剰の状況に置かれている。とくに対人刺激は彼らには複雑すぎて処理できない。自分を取り巻き圧倒する刺激が自他の境界を無視して侵入してくる。自己も世界もバラバラになり消失の危機にある。スターンの言うところの発達最早期の新生自己感（sense of emergent self）が優勢な状態へと退行したと解釈してもよい。そう捉えておくと，当面の対応策と，中長期の療育課題とが，明確になる。とりあえず自分のからだを取り戻しておいて，刺激を回避する方法を工夫したうえで，壊れない自己，消えない自分というからだを創っておくことである。そのからだの感覚は，イメージによって共有され，言葉によって整理されるものであるため，身体・イメージ・言葉による表現活動の領域を幅広く視野に入れた自己確認の場の提供が，必要となる。

(3) 関係性の基盤となるもの

　重度心身障害の子でも，基本原理は同じである。

　たとえば，カオルが療育中に突然泣き出して止まらない。喉が渇いたかお腹が減ったか，それともオムツが濡れて気持ち悪いのか，痛いところでもあるのかと，あれこれ試してみるが何をしても泣き止まない。そこで，「大丈夫，カオルは確かにここにいるよ。先生もここにいるし友だちもいる。お母さんはあっちでお話ししているけど，カオルのことをお話ししているんだよ」などと話しかけつつ，両膝の間に抱き込んで座位をとらせて手足を揺する。さらに，頭や顔をさすり，身体全体をタップしていく。しばらく続けていると間もなく，泣

(3) 関係性の基盤となるもの　193

き声は収まりニンマリと笑顔が浮かぶ。

　たぶん，このとき，なにかの拍子に自分の身体が消えてしまいそうな感覚に襲われたのだろう。象徴的に言うならば，自分が行為の発動者であるという自己感の中核が拡散しそうになった，底知れない不安感である。先に述べた新生自己感の領域での体験である。

　新生自己感が優勢な時期は，通常の発達では生後1〜2ヶ月までとされる。寝たきりの心身障害の子では，その時期の発達にあたる場合が少なくない。ちなみに，その後は，中核自己感（sense of core self）から主観的自己感（sense of subjective self），さらに言語自己感（sense of verbal self）の体験世界，つまりその時期に優勢な自己感によるかかわり合いの領域を積み上げることになる。つまり，自己存在感の核となる体験を獲得した後に，他者との体験を共有する間主観的な交流ができるようになっていき，その共有できる体験内容が言葉の生成へと展開する。さらにその後は，言葉が自己を語るストーリーを紡ぎ出すことになっていく。間主観的な交流世界が生み出されるのが，おおむね生後6ヶ月，言葉が生成されるのがおおむね12ヶ月とされる。そのように層をなす自己感の領域を積み重ねて子どもは人として育ち自己となっていくのだが，基盤となる領域は常に不変である。最も早期に必要なことは，常に発達支援の基盤であり，根幹の部分である。

　重度心身障害の子の集団療育においては，療育グループや家族の中に，その子の確かな居場所を作ることが，初めに取り組む課題であり，そのことがその後も療育の基盤である。それは，子どもとかかわる療育者自身の内的体験内容を手がかりにしながら，家族全体を視野に入れて，その子らしさのイメージを，療育グループのメンバーやその子の家族と共有していく作業である。療育活動の最も大事な焦点がここにある。

　子どもと出会ったときに，療育者がまず行うことは，子どもとの周波数合わせである。間主観的交流の中心概念である情動調律へと展開するものと考えてもよいが，新生自己感が優勢な時期においても，子どもの身体が発信する特有の身体リズムがある。一緒に揺れたり，弾んだり，タップしたりする，心地よい感覚の生ずるリズムである。子どもとかかわるとき，この周波数ともいうべきからだのリズムは重要である。子どもの存在感が立ち上がるときに必要なも

のである。これを捉えておくと，情動調律も生じやすくなるし，相互の応答性も高まる。二者関係におけるこの感覚が，関係性構築のはじまりである。

(4) 寄り添う気持ちと俯瞰する眼差し

　発達障害の子の体験している世界を理解するには，理論面の学習を通して得られる知識と，子どもと一体化して身体や情動のリズムを共有する感性との，両方がバランスよく機能することが望まれる。両立することはなかなかに難しいが，多様な個性をもった療育の仲間がいて，率直に語りあい素直に受け止めあう関係ができていると実践しやすい。

　子どもについての理解は，そのときに「問題となっている行動」を起点に深化する。

　かつて，療育に通っていた当時，寝たきりの脳性まひ児であるマサオが突然，夜中にぜんそくの発作を起こしたことがあった。両親は大慌てで救急病院に駆け込んだことを後で聞いたのだが，それはちょうど，マサオを一時収容の施設に預けて実家に帰省することを相談していたときだった。

　念のため，本人の居ないところで話をしていたというが，「どこかでわかっちゃったんでしょうね」と，母親が言う。「びっくりするくらい感受性の強い子だから，わかっちゃったんでしょうね」と，担当のスタッフが応じる。「お父さん，お母さんがどっかへ行っちゃうという気配を察知したんだ」という意見が，他の療育スタッフから出る。「いろんなことを感じやすい子だから，思った以上にわかってるんですね」と，母親は苦笑する。そこから，「そういえば最近，甘えてるみたいに手を挙げることがあるんですよね，抱っこしてって言ってるみたいに」「お母さんと担当者にだけじゃないかな」「家でも一人にしておくと，あーあーって文句を言ってることが……」などなどと話が弾む。

　本人が変わったのか，周りの目が変わったのか，その相乗作用なのか。いずれにせよ，子どもの発達する姿をともに喜ぶことは，家族全体の凝集性を高め，幸せ感を強化することになるとともに，子ども自身の発達をも促進する方向に作用する。

　「マサオは甘えん坊だなあ」と，周りの大人たちが愛情を込めて語りかければ，

マサオの顔も心なしか緩み始める。「何を照れてるの」とくすぐってやると，満面の笑みが顔中に拡がっていく。取り巻く人たちにも，そうした感覚が共有されていると，気のせいかと思って見過ごしていた子どもの微かな反応が，確実な応答性に変わっていく。このとき，両親の中でも，もちろん療育者の中でも，「重い障害を抱えた脳性まひのマサオ」というイメージではなく，「感受性豊かな子に育ちゆく，甘えん坊で照れ屋のマサオ」というイメージへと変わっている。両親の中で，個性化した子どもイメージが定着することこそ大事な点である。一人の人としての居場所や生き場所が，確保されることになるからでもある。

マサオの場合で言えば，マサオイメージを，療育者や両親が共有するためには，マサオ自身の姿を語る言葉が重要である。現実の反応に基づいて，そこから遊離しないで，納得感のある好意に満ちた言葉を紡ぎだすことは，専門家としての知識とエネルギーを傾注する価値のある作業である。それは，子どもに寄り添うことでたどり着く理解の言葉を，より多くの人たちと共有する作業である。子どもの発信する，言葉にならないことばを，社会に通じる言葉に翻訳して伝える代弁者の役割と考えてもよい。

発達障害の子どもたちの声は，周りの大人たちにはことのほか届きにくい。大人の目線で子どもの行動の意味を捉え，社会常識的な価値判断で見れば，止めさせなくてはならない逸脱行動であり，集団の秩序を乱し，他人に危害を与える問題の行動の中にこそ，子どもの心の叫びや伝えたいメッセージが含まれている。本人にも伝えたいことの内容や，伝えたい本当の相手がわかっていない。そうしなければ伝えられない，と感じているからこそ選ばれる行動でもある。

保育園で友だちの遊具をいきなり取り上げて，「おれが今使おうと思ってたんだ」と言って，その遊具で相手の子どもを叩いた子は，保育者に止められて叱られたときに，「みんな，おれなんか（このクラスに）いないほうがいいと思っているんだ」と叫んでいた。家でネグレクトの状態にある子であった。

他の自閉症の小学生は，クラスの子どもたちをだれかれ構わずに叩き，噛み付くこともあるということで相談を受けた。しばしば校外への飛び出しもあれば，自傷行為もあるという。その子は，授業中に恐竜の絵を描き続けていた。

それを何とか止めさせて話を聴くように迫る教師もまた，その子には最強の恐竜ティラノザウルスである。目を怒らせ口から火を吹いていた。怯えた彼は，恐竜の巣窟から逃げ出そうとし，連れ戻されると必死に戦うしかなかったのだろう。逃げ場所を確保してやり，恐竜図鑑を作らせるうち，それぞれに名前と分類が付き，説明書きが入るようになった。そうなったときには，笑顔で学校に通うようになっていった。

また，幼い頃から漢字が大好きで，授業中も教師の話を聞かずに難しい漢字をノートに書き連ね，会話は漢字の知識に関することばかりという高機能自閉症の子もいた。その彼には，人間が漢字に見えていた。自分と周りの人間関係とを，自分に理解可能な漢字の世界に変換して整理しようとしていたのだろう。周りからは，人間には興味がないと見られていたが，学校で自分が生身の人間であるという感覚がもてなかったと，理解するほうが適切である。つまり，人間関係を自分なりに整理して理解しようとする努力の現われが漢字への没頭なのである。

ある知的障害の女の子は，新品の靴で泥水を掬うことに夢中になっているように見えたが，担任教師が黙って見守っていると，夏の日差しにしおれた松葉ボタンにその水をかけていた。その純粋な優しさに，その教師は自分の心を恥じたという。

広く発達の障害をもつ子たちの声を正しく聞き取り代弁することは，机上で考えるほどやさしくはない。自分自身の内面とも向き合い続け，社会常識や先入観からどれだけ自由な自分自身でいられるかが問われ続ける仕事である。

引用文献

向野幾世（1976）．お母さん，ぼくが生まれてごめんなさい　サンケイ出版
Stern, D. N. (1985). *The interpersonal world of the infant.* New York: Basic Books.（小此木啓吾・丸田俊彦（監訳）　神庭靖子・神庭重信（訳）（1990）．乳幼児の対人世界・Ⅰ（理論編），（1991）．同　Ⅱ（臨床編）　岩崎学術出版社）

2
家族の幸せと障害の子の幸せ

(1) 障害の子がいるから強くなれる

　障害の子は家族にとっては「幸福の種」である。苦労と手数はかかるが，そのこと自体は不幸ではない。障害を不幸だと思う気持ちが不幸を作り，障害のあるなしにかかわらず，この子と過ごす時間を幸せに感じ，子どもに感謝する思いこそが，幸せの本質である。

　すごいと感じた両親とは幾度も出会ってきた。重度の脳性まひのヨシキを連れ相談室に訪れて，私が最初に出会ったときに，開口一番「この子は我が家の宝です」と，迷うことなく言い切った父親がいた。母親も傍らで，「この子がいるので，お父さんが家族を振り返るようになりました」と，笑顔で語った。貿易商だった父親は，文字どおり命を懸けて仕事に打ち込んで来た。そのため，結婚も遅かったが，生まれた子どもが脳性まひによる重度心身障害であることを知って，即座に店じまいを決意し，在宅でできる仕事に切り変えた。

　「天命ということがあるでしょう。人生を考え直すときだと思っただけです」と，こともなげに語る父親にも，それがうれしいことだとさりげなく語る母親にも，多くのことを教えられた。

　その後，ヨシキが16歳で亡くなったとき，母親は「16年間の幸せなときをくれたヨシキに感謝しています。ここまで頑張って生きてくれてありがとうって」と，笑顔で語ってくれた。あの強さはどこで育まれたのだろう。

　マナとナミという二人の年子の脳性まひの女の子の母親は，細い体でいつも元気だった。「私が元気にしていないと，家の中がさびしいでしょ，お父さんも

無口だし」と，疲れているときもあっただろうに，私たちの前では常に笑顔であった。「こうして毎週通うところがあるってことが，すごくうれしいし，他のお母さんたちと話ができるのも楽しみです」と，よく語っていた。私たち療育者の面々は，いつも元気な母親に感心するばかりであった。

　しかし，初めから強い人は，それほど多くはない。一見元気な人でも，愚痴を言いたいときもあれば，弱音を吐くこともある。とくに，毎年の夏の恒例行事としている療育合宿の夜などには，いわゆる本音を聞くことができる。定宿としている海水浴場の民宿に，家族そろって参加してもらい，一泊して海水浴や西瓜割り，花火などをみんなで楽しむ。子どもを寝かしつけてからは，大人だけで夜更けまで，日頃はできない他愛もないおしゃべりで時を過ごす。そんな折には，生活をともにしているはずの母親が聞いたことのない，父親の気持ちも語られるし，いつも元気な母親の愚痴なども溢れて出る。そうしたおしゃべりの中で私たちは，すべての親たちの内心に抱える傷つきとそれを語る強さを知った。

(2) 母の傷つき

　障害の子をもった母親たちは，例外なく「我が子を障害の子として産んでしまったこと」に深く傷ついている。「健康な体に産んであげられなかった」「妊娠中にもう少し気をつけていればよかった」などなどの，罪障感や後悔の念が語られることは多い。ここで「お母さんが悪いんじゃないですよ」「自分を責めることはありません」という慰めの言葉は意味をもたない。それは所詮，第三者の立場で話される一時しのぎのセリフにしかならない。むしろ，現実に目の前にいる子の，障害を抱えるあるがままの姿を第三者の目で直視して，その子のそのままを受け入れ肯定することこそが，私たちのなすべき心の作業である。現実を肯定的に受け止めることが，親にとっても気持ちを立て直す第一歩になる。

　この時，こうした母の罪障感や後悔の念を子どもが知ったら，どれだけ傷つくかに思いを馳せる想像力は大事である。だからと言って，「お母さんの今の気持ちをこの子が知ったらどう思うか考えてみてください」とか「そんなこと

を子どもの前で言うものではない」と，たしなめればよいという性質のものでもない。真に傷ついているのは，母の内なるイメージの子ども，イマジナリィチャイルドである。

「こんな赤ちゃんだといいな」と，母自身が幼い頃から育んできた想像上の子どもが，イマジナリィチャイルドである。生まれた子どもが障害の子であったことに直面して，多くの場合は崩れていくことになる。目の前にいる現実の子どもと，イメージの子どもとの落差の大きさが，母の傷つきを作ると言ってよい。傷つき方はさまざまである。おそらくは，母親自身が子どもであった頃の無意識の記憶である，幻想の子どもとの関係性が影響している。この幻想の子どもは，母の内なるもう1つのインナーチャイルドである。それが，障害の子に対する否定的な感情を増幅させる場合もあれば，障害を否認する方向に働く場合もあるし，母親としての自責感を募らせる場合や，葛藤を抱えきれずに配偶者を含む他者への怒りに転嫁する場合などもある。

現代乳幼児精神医学の基礎を作った功労者の一人であるレボビッシ (Lebovici, 1988) が提唱した，母の内なる3つの乳児イメージは，世代間伝達の謎を解く重要な鍵となった概念である。渡辺久子の著書 (渡辺, 2000) は，その実践報告としてもわかりやすく優れている。その考え方は，障害の子をもった母の傷つきが，その母の子ども時代の傷つきに由来することを教えてくれる。つまり，子どもであったときの母が，母の心の中で生きているインナーチャイルドであり，それこそが癒され育てるべき対象である。それゆえに，現実の母を抱えて癒すことが，子を抱える母を育むことになる。こうした形の療育構造を作り出すことこそが，障害児療育の要点である。

「誰にも抱いてもらえないと思っていたうちの子を，療育の先生たちが抱きしめて可愛がってくれている姿を見て救われました」と，涙を流した母がいた。その言葉が，私たちになすべきことを教えてくれた。

(3) 父の無力感

母の傷つきを抱える構造ができたところで，次に目標とすることは，父の子育て参加を促すことである。

母親たちの会話の中には、父親たちが如何に役に立たない存在であるか、という話題がよく出てくる。そういうときには、とりわけ会話が弾む。いわく、「ちょっと手が放せないからこの子を抱いていてねって頼んでも、ほんとに抱いているだけ」「そうそう、鼻水が出てても拭かないし、オムツが濡れていても、おーい、濡れてるぞ、とか言ってテレビ見てるだけだし」「子どもを任せて買い物に行ってくるっていうと嫌そうな顔するのよね」「たまに料理をしてくれるけど、後片付けが大変だから、モオイイってなっちゃう」などなど。

　結論は「男の人は家では役に立たない」ということになる。とくに障害の子の家でのことに限らないようなことばかりだが、子どもとの日常生活の苦労を一人で背負っている母の場合、舌鋒は一層鋭くなる。ひいき目に解釈すれば、こういう形で子どもの父である夫に甘えようとしているのだろう。男性療育者の目線からだと、相当頑張っている父親にも、評価は厳しい。子育てに関して、父は無力であることが多く、自分の出番はない、と思い、高い評価をもらうことなど半ば諦めている。

　実態はどうなっているのかを知るため、夏の療育合宿には父親も誘うし、そこで顔見知りになっておいて両親の揃うときを作ってもらって家庭訪問もする。合宿のときには、父の出番を多く用意しておく。海水浴場で砂浜まで重い荷物を運び込み、ブルーシートでテントを張り、ゴムボートを膨らませて母子を乗せて沖まで引っ張っていき、夜は花火をしては、お酒を飲みながら、子どもと家族の将来を語る。療育グループの男性スタッフは、気軽にオムツも替えるし、食事の介助もする。家でも妻を助けるためにこういう工夫をしていると語る父もいるし、障害の子を引き受ける覚悟を語る父もいる。

　こうした状況は、仲間意識が生まれ、親しみが増せば自然に生まれてくる。母親たちに遠慮のない指摘や注文を受ける男性スタッフと、父親との間に不思議な連帯感が生じることもある。その中で、父親たちは自分の果たすべき役割や、母親の期待と自分の現実とのずれを理解していくことになる。

　しかし、それ以上に大きなことは、母親たちの中で、妻としての夫を見る目が変わっていくことである。家の中では、良かれと思ってしたことが叱られて、活躍の場を見つけられないでいる父親も、野外での力仕事なら、頼りになるところを見せられる。家庭では語ることのない家族への思いを、存分とはいかな

いまでも語ることのできる場が得られる。雄弁である必要はなく，訥々と語る言葉に真実があるため，他の母たちが感動したりする。そうした第三者の反応からまた，自分の夫を見直す視点が作られる。

この合宿はまた，重い障害の子のいる限り一泊の旅行は無理だという，両親を支配している先入観を変えるきっかけにもなる。ここで自信をつけて，家族旅行に出かけるようになった家族がいる。そうでなくても，家族の間に，子どもについて共有する話題ができる。クリスマス会や終了式などの行事も恒例で行うが，そうした折にも父親を誘う。

家族で共有する楽しい思い出は，その後も語り直されて家族神話になっていく。自分たちで神話を作るようになれば，その家族はもう安心である。父親が子育て参加を楽しむようになることが，家族再構築の重要な転機を作る。

(4) 子どもの笑顔と家族の笑顔の相互性

ある年の療育合宿のとき，夕食の席でシズカがぐずり始めた。母はちょうど，隣との談笑に熱中していたのだが，その声に振り向いて「寂しかったの。でももうちょっと待っててね」と語りかけた。療育スタッフがシズカを抱きとって，「任せてください」と言うと，スタッフに笑いかけた後，「母の幸せが子どもの幸せだからね」と，子どもに言い聞かせていた。

シズカの母のあの言葉も，忘れることができない。私たち療育スタッフは，子どもの幸せだけでなく，母親の幸せも家族みんなの幸せも，ちゃんと視野に入れて考えていなくてはならない。幸せを感じたときの笑顔は，家族の間に伝染する。障害の子の笑顔が，母の笑顔を引き出すことは言うまでもないが，母の笑顔があるから，母の感情に敏感な多くの障害の子も，安心して笑顔になれる。

どちらが先でもよいのだが，子どもの側に立つことが正しいと思い込むことの多い療育者にとっては，「母の幸せが子どもの幸せ」という視点の方に重心を置く必要がある。それで，ちょうどよいバランスになる。

たとえば，母子並行で心理面接を行う場合，子ども担当と親担当とが意見対立の関係になることがよくある。子ども担当は，「お母さんが変わらないと子

どももよくならない」と思い，親担当者の能力に疑問を感じ始める。親担当は，「お母さんが気にしていることに子ども担当が無頓着である」と憤りを覚えたりする。この関係性は，両者同時に起こる。母子の潜在的な関係性が，担当者同士の関係性に移し変えられたと，理解すると解決の道が見つかる。

　学校や保育園などでも，親との関係性がこじれている場合は，ほとんどが，教師や保育者の立ち位置が，子ども目線になりすぎているときである。そういうときには，親をどこかで敵視して，「自分が子どものために何とかしなくては」と思いすぎて，一人で問題を抱え込もうとしている。

　いずれの場合も，家族全体の構造が俯瞰できる位置に立ち直して，家族全体を包み込むことを目標にする。このスタンスを確保することでよい方向に向かう。包み込む（holding）ことの重要さを述べたウィニコット（Winnicott, 1965）は，発達早期において「母子は一つの単位である」ことを強調している。母は，子どもとの関係性に没頭し，その母子を抱える形で父を含む家族があり，その家族を抱える地域社会がある，という構造を想定する。地域社会を療育グループに置き換えてもよいし，学校や保育園に読み替えてもよい。いずれにしても，障害の子を抱える家族は，その子を中核として再構築されていく。家族全員が，「この家に生まれてよかった」「うちの子に生まれてくれてありがとう」という気持ちを共有できることが目標である。障害の子ひとりを取り出して，その子を「普通」に近付けることのみを，発達支援の目標にしてはならない。

引用文献

Lebovici, S. (1988). Fantasmatic interaction and intergeneration transmission. *Infant Mental Health Journal*, **9** (1), 10-19.（小此木啓吾（訳）(1991). 幻想的な相互作用と世代間伝達　精神分析研究，**34** (5)，285-291）
渡辺久子（2000）．母子臨床と世代間伝達　金剛出版
Winnicott, D. W. (1965). *The maturational processes and the facilitating environment*. London: The Hogarth Press.（牛島定信（訳）(1977). 情緒発達の精神分析理論　岩崎学術出版社）

3
心理臨床における普遍的なもの

(1) 言葉・イメージ・身体

　演劇の竹内レッスンで有名な，今はなき竹内敏晴先生とは，親密というほどではないが20年以上のお付き合いをさせていただいた。先生からは，「からだ」と「ことば」のつながりについて多くのことを教えていただいた。先生との私的な会話の中で，「心」をどう位置づけるのかを尋ねたことがある。先生は，「からだと心は一体のもので，その対極にことばがある，というように自分は捉えている」という内容の説明をされた。

　最近になって少しわかりかけてきた。「心は，身体が求めるところにしたがって生成される」ということができるのではないか。それゆえに，心と身体が一体化したものを表すために，ひらがなで「からだ」と表記する。

　また，生理的な実態としての身体の対極に，音声言語を核とする言葉が，自己を表現する手段として位置づけられることになる。この両者の間を埋めるように，多様な表現様式が想定される。身体の病気や怪我，姿勢，動作，行為，行動，活動，そしてイメージなどである。

　情緒障害や高機能自閉症の子などとのプレイセラピーにおいては，言葉にならない子どもの心の訴えを，自由な遊びを通して表出・表現されたものの中から汲み取っていく。描画や工作のような構成的遊びによる表現活動では，そこに表されたイメージが，その子のことばである。重度心身障害の子においては，身体の病気や怪我や，こちらからの働きかけへの反応として生じる姿勢や動作などが，ことばである。療育者との間主観的なコミュニケーションの領域で共

有できたことばを，多くの他者とも共有できる言葉に転換して伝えることは，療育者の主要な役割である。

　療育活動をしているときにしばしば印象的な体験として生じ，しかし言葉にすることが難しく心に残っていることがある。それは，寝たきりで反応のないかのごとき子どもたちの顔は，取り組み始めの頃にはなかなか覚えられない。顔の印象がまとまらず，ばらばら感が強く，別れてしまうと思い出すことができない。療育活動の進展に伴い，その顔がまとまり感を帯びて，離れていても顔を思い出すことができる頃に，その子に表情が出て来る。順序は，この逆ではない。あたかも，この世にいてもよい自分を見出して安心した身体が，心を呼び込んだかのように感じられる。一人称が成立する以前の自己が，「ここにいてもいいんだね」と確かめているような感触である。

　その子の周りで，子どものことや家族のことや，日常生活の出来事を中心に，親と療育者たちがさざめいていると，そのうちに，子どもの情緒が表出されてくる。甘えた声を出し，怒ったように口に唾を溜め，泣いたり笑ったりする行為に，その状況に対する反応としての意味性が生まれてくる。「ここに居るよ」と，存在することの確かさを求める声のように聞こえる。

　どんな時でも人の悩みや苦しみの根底にあるのは，自己の存在感の確認と，生きていることの意味性の確保である。寝たきりの障害の子においては，まずそうした根底的な問いかけがなされている。

(2) 心の体験を統合するもの

　自己を表現する活動は，からだとことばが一体化したものである。電子メールのように，言葉のみを切り出して発信されたものは，手書きされた手紙とも違って真意が伝わりにくい。顔文字のような補助媒体が求められるは必然的な結果である。

　人から人へ心を伝達する表現活動は，無意識的なものから意識的なものまでを，同時に含みこんだ形で発信されることを，発信者も受信者も想定している。日常生活では，本当に伝えたいことは言葉にしにくくまた，伝わりにくい。その伝えられない感覚こそ，自分が自分らしくないという体験の中核である。そ

れゆえに，心理臨床活動の中核は，クライエントが本当に伝えたい言葉にたどり着き，本当に伝えたい相手を知ることの手助けにある。

その人らしい育ちの実現は，その結果として生じる。本当に伝えたいことは，自己存在やそのあり方についての問いかけである。根底には，「自分は何になればよいのか」という問いかけである。つまり，最後は自己自身に向けての問いかけになる。それはまた，心理臨床家自身をも巻き込む問いかけである。

重度心身障害の子のみならず，発達障害の子との取り組みにおいては，この課題を避けて通ることはできない。すべての心理臨床活動は，本来，子の課題が根底にあることを視野のどこかに置いて行われなくてはならないのだが，表面的な主訴や問題の症状に目を奪われて，視点が狭く浅いものになることも珍しくはない。私たちは，初心や基本をつい見失いがちになる，生身の人間なのである。障害の子に学ぶことの多さを忘れてはならない。

2011年3月11日を境にして，エコと絆が日本人の行動原理となった。大震災からの「復興」とは，震災前の状態に復することではなく，自分らしさを見失わずに，過剰な無理を続けなくても充実感をもちながら生きていくことのできる道を，改めて作り直す作業である。現代人の生き方を見直すチャンスが生まれたのであるから，私たちは改めて，障害の子から人間としての生き方を学ぶチャンスでもある。

この子らの生きづらさや，それを凌ごうとする強さに思いを馳せて，少しでも生きやすく，目の前の現実に幸せを見つけられるように願いつつ寄り添い続けることが，心理臨床の原点である。どうしてよいか道を見失ったり迷ったりしたときには，この原点に立ち返って考える。そうすると相手を充分に理解しきれていない自分の姿に出会うことになる。「わかったつもり」になっている自分と向き合いながらまた新たな自己課題に取り組む。

そのことの難しさと楽しさとを，私は重度の発達障害の子から教えられた。

あとがき

　MRグループが2001年に幕を閉じてから10年たった2011年9月18日，名古屋大学教育学部でMRグループの同窓会が行われた。MRグループとは，1969年，名古屋大学教育学部ガイダンス・クリニック（現：名古屋大学発達心理精神科学教育研究センター心理発達相談室）において，故村上英治教授を中心に始められた，在宅の発達障害児の集団療育グループである。1970年代末からは，就学前のほとんど寝たきりの重度心身障害の子どもたちが中心となり，30年の長きにわたってその歴史を刻んできた。そこは心理臨床を学ぶ大学院生の実習の場としても位置づけられ，ことばのない障害の重い子どもたちとともに"いる"ことで，私たちの中で起こってくる主観的な感情を扱い，目の前にいる子どもと向き合うことの意味を大事に扱ってきた。家族と，子どもたちとともに歩んできたその歴史は，今も参加したそれぞれの心の中に"宝物"として息づいている。今回の同窓会には，すっかり成長し大人の表情をみせてくれた子どもたちと，そのご家族，8家族と，全国で活躍しているOB・OGスタッフ，ボランティアの学生を含めて総勢50名が集まった。亡くなってしまった子どもたちを悼み，あのころの懐かしい思い出に花を咲かせたこの会は，それぞれのメンバーが自分の原点に立ち返り，共有することのできた時間と場となった。

　近年，心理臨床の場は，大きく広がりを見せるようになってきている。精神科医療だけではなく，医療のさまざまな領域において臨床心理士が活躍するようになり，スクールカウンセラーなどの学校領域，児童福祉施設など福祉領域，職場のメンタルヘルスをあつかう産業領域，司法・矯正領域，子育て支援領域などその活動の場が広がり，その在り方も多様となってきている。多職種や他機関との連携が進んできたなかで，心理臨床や，心理面接の有効性を客観的に評価し，科学的根拠を明確にすることが求められるようになってきた一方で，従来，心理療法は，関係のなかで生じてくるセラピストの主観的に感情を扱うことが重視されてきた。そこでは何かを"する"ことによってではなく，クラ

イエントとともに"いる"ことで生じてくる関係性の中で起こってくることに重点がおかれていた。まずは目の前にいるクライエントと真摯に向き合うこと、そこからはじまるものであった。

　心理臨床の専門家として、その根底に流れているものは何なのか。この本がその原点を捉え直す一助となることを願っている。

2012年9月
永田雅子

索　引

あ
アイデンティティ　97, 98
アルコール性精神病　117
一人称が成立する以前の自己　204
居続けること　176
イマジナリィチャイルド　199
医療的ケア　169, 183
"いる"　40, 164, 207
インナーチャイルド　199
ウィニコット（Winnicott, D. W.）　202
ADHD　83
エピソード記述　43

か
外部性　90
カウンセリング　67, 85, 117, 120, 132, 184
学生相談（支援）　93, 94
家族神話　201
語り　40, 52
「からだ」と「ことば」　203
からだの発信することば　190
関係性　12, 17, 30, 68, 86, 89, 148, 164, 171
　──モデル　190
間主観的／間主観性　20, 40, 193, 203
間主観的なコミュニケーションの領域　203
切り離し　73
言語自己感　193
現実の子ども　199
現象学的接近　55, 63
幻想の子ども　199
高機能自閉症　191
向野幾世　189
広汎性発達障害　63, 155
個性記述的接近　63

さ
コンサルテーション　81
コンテイナー　40

自己感　17, 148, 190, 193
自助グループ　127
自閉症／児　189, 192, 195
　──スペクトラム　16, 17, 152, 155, 158, 159, 172, 173
集団不適応　80
重度心身障害　i, 9, 29, 41, 44, 49, 170, 172, 175, 189, 192, 193, 197, 203, 205
主観的自己感　193
小1プロブレム　80
障害福祉　170
情緒障害　189
衝動性　80, 81
情動調律　20, 194
常同的／常同性　121
新生自己感　190, 192, 193
スクィグル法　54
スクールカウンセラー　75, 79, 85
スターン（Stern, D. N.）　9, 40, 190, 192
世代間伝達　199
潜伏期　66

た
第三者的立場　90
竹内敏晴　203
他者とも共有できる言葉　204
多動性　80, 81
中核自己感　193
登園しぶり　67
統合失調症　118, 120
転移　94, 99, 126

な
成り込み　6

は
箱庭　68
発達モデル　190
母の内なる3つの乳児イメージ　199
PTSD　148
風景構成法　121, 123, 125, 126
分離不安　74
包括システム　53, 63
法則定立的接近　63

保護室　117
母子同席面接　67
母子分離　183
母子並行面接　67

ま
村上英治　52, 183
名大式　61

ら
レボビッシ（Lebovici, S.）　199
ロールシャッハ法　52, 63

【著者一覧】（執筆順，*は監修者，**は編者）
 第1部
  1章　西出弓枝（椙山女学園大学人間関係学部・教授）
  2章　堀　美和子（日本福祉大学子ども発達学部・准教授）**
  3章　永田雅子（名古屋大学発達心理精神科学教育研究センター・准教授）**
  4章　中西由里（椙山女学園大学人間関係学部・教授）
  5章　松本真理子（名古屋大学発達心理精神科学教育研究センター・教授）
  6章　宮本　淳（愛知医科大学医学部・准教授）
  7章　清瀧裕子（愛知淑徳大学心理学部・准教授）
  8章　加藤容子（椙山女学園大学人間関係学部・准教授）
  9章　茂木七香（名古屋大学大学院医学系研究科総合医学教育学講座・客員研究者）
  10章　髙橋　昇（人間環境大学人間環境学部・教授）
  11章　大崎園生（愛知学泉大学現代マネジメント学部・准教授）
  12章　中西和紀（医療法人愛精会あいせい紀年病院・臨床心理士）
  13章　辻井正次（中京大学現代社会学部・教授，NPO法人アスペ・エルデの会CEO・統括ディレクター）

 第2部
 1章（1）　水谷　真（社会福祉法人AJU自立の家・わだちコンピュータハウス・所長）
 1章（2）　熊谷　豊（指定生活介護事業所愛歩（あゆみ）・施設長）
 1章（3）　小川真紀（名古屋市発達障害者支援センター）
 2章（1）　加藤友希恵（町田市民病院精神神経科・非常勤心理士）
 2章（2）　福元理英（名古屋大学発達心理精神科学教育研究センター・特任助教）
 3章（1）　原　喜久美
 3章（2）　山田由起
 3章（3）　村瀬晴美

 第3部
 後藤秀爾（愛知淑徳大学心理学部，心理学研究科・教授）*

"いのち"と向き合うこと・"こころ"を感じること
臨床心理の原点をとらえなおす

2013 年 3 月 30 日　初版第 1 刷発行　　（定価はカヴァーに表示してあります）

監修者　俊藤秀爾
編　者　永田雅子
　　　　堀美和子
発行者　中西健夫
発行所　株式会社ナカニシヤ出版
〒606-8161　京都市左京区一乗寺木ノ本町 15 番地
　　　　　　　　Telephone　075-723-0111
　　　　　　　　Facsimile　075-723-0095
　　　　　Website　http://www.nakanishiya.co.jp/
　　　　　E-mail　iihon-ippai@nakanishiya.co.jp
　　　　　　　　郵便振替　01030-0-13128

装幀＝白沢　正／印刷・製本＝ファインワークス
Copyright © 2013 by S. goto, M. Nagata, & M. Hori
Printed in Japan.
ISBN978-4-7795-0698-7

本書のコピー、スキャン、デジタル化等の無断複製は著作権法上での例外を除き禁じられています。本書を代行業者等の第三者に依頼してスキャンやデジタル化することはたとえ個人や家庭内の利用であっても著作権法上認められておりません。